天津市艺术科学规划重点项目　项目编号：D12004

文化创意与旅游产品设计

钟蕾　李杨　著

中国建筑工业出版社

图书在版编目(CIP)数据

文化创意与旅游产品设计/钟蕾,李杨著. —北京：中国建筑工业出版社，2015.8（2023.1重印）
ISBN 978-7-112-18316-6

Ⅰ.①文… Ⅱ.①钟…②李… Ⅲ.①旅游产品－产品设计 Ⅳ.①F590.63

中国版本图书馆CIP数据核字(2015)第172350号

责任编辑：唐　旭　李东禧
责任校对：李欣慰　陈晶晶

文化创意与旅游产品设计
钟蕾　李杨　著
*
中国建筑工业出版社出版、发行（北京海淀三里河路9号）
各地新华书店、建筑书店经销
北京嘉泰利德公司制版
北京建筑工业印刷厂印刷
*
开本：787×1092毫米　1/16　印张：15　字数：269千字
2015年11月第一版　2023年1月第十五次印刷
定价：48.00元
ISBN 978-7-112-18316-6
　　（27569）

版权所有　翻印必究
如有印装质量问题，可寄本社退换
（邮政编码100037）

目　录

引言

上篇　旅游产品设计开发与文化创意理论构建

1 **旅游产品概念解析** 002
2 **旅游产品设计现状** 006
 2.1　旅游产品设计开发价值 006
  2.1.1　中国旅游产品窘境 006
  2.1.2　"设计"——民俗文化传承之利器 008
 2.2　旅游产品发展现状及策略 011
  2.2.1　世界旅游产品开发策略 011
  2.2.2　旅游产品发展现状 033
3 **旅游产品设计类别** 042
 3.1　创新型旅游产品 042
 3.2　创意时尚型旅游产品 044
 3.3　传统手工艺类旅游产品 048
  3.3.1　对传统形态的分析思考 049
  3.3.2　对传统营销模式的思考 051
  3.3.3　加强传统手工艺品的品牌文化传播 052
  3.3.4　对包装的再设计 054
  3.3.5　系列化设计思想的运用 057
4 **文化创意理论之"达意·传神"** 059
 4.1　设计之"达意" 059
 4.2　设计之"传神" 062
 4.3　"达意·传神"在设计中的应用 065

5 文化创意理论之"隐·秀" 068
5.1 "隐"之设计理论内涵分析 068
5.2 "秀"之设计理论内涵分析 070
5.3 "隐"与"秀"的辩证关系 071
5.4 "隐"之设计理论对旅游产品的影响与应用 073
5.5 "秀"之设计理论对旅游产品的影响与应用 077
5.6 旅游产品的生动性特质 078

6 文化创意理论之"境" 082
6.1 提升设计内涵之"境" 082
6.2 设计中"物境"的表达 082
6.3 设计中"情境"的表达 083
6.4 设计中"物境"与"情境"的对比 087
6.5 设计中"意境"的表达 089

7 旅游产品的用户体验 091
7.1 用户体验:"独一性"需求 091
7.2 用户体验:"可感性"需求 092
7.3 用户心理结构模型 094
7.3.1 影响受众心理结构模型——"认知" 094
7.3.2 影响受众心理结构模型——"情感" 099
7.3.3 影响受众心理结构模型——"行为习惯" 103
7.4 用户心理需求分析 105

8 设计实现民俗文化的产品化 110
8.1 系统性思维模式内涵 110
8.2 "系统性思维模式"提取民俗符号 110
8.3 对构成民俗符号元素的再设计 115

9 旅游产品形态设计创新方法 119
9.1 旅游产品的立体造型设计方法 119
9.1.1 设计的造型分类 119
9.1.2 旅游产品的立体造型设计应用案例 120
9.2 形象创新过程分析 121
9.2.1 形态要素的分类 121

9.2.2　由自然形态向人工形态的转变　　123
　　9.2.3　形象创新过程分析　　124
9.3　实现情感体验之"境"——用户联想　　128

10　旅游产品设计创意理论　　132
10.1　创新型旅游产品设计理论综述　　132
　　10.1.1　创新型旅游产品设计理论框架　　132
　　10.1.2　系统性设计理论服务于产品设计　　134
　　10.1.3　形态设计创新理论分析　　141
10.2　创意时尚型旅游产品设计理论综述　　147
　　10.2.1　创意时尚型旅游产品特征　　147
　　10.2.2　结合案例分析文化创意方法如何作用于创意时尚型
　　　　　　旅游产品　　149
10.3　传统手工艺类旅游产品发展综述　　154
　　10.3.1　多样性民俗文化传承下的传统手工艺品　　154
　　10.3.2　传统手工艺品的价值体现　　155
　　10.3.3　传统手工艺品的创意设计　　156
10.4　旅游产品系列化途径理论综述　　159
10.5　创意旅游产品设计开发完整步骤解析　　161
　　10.5.1　设计定位分析　　162
　　10.5.2　构建叙事性情境　　166

下篇　文化创意设计实例解析

11　天津旅游产品设计宏观策略　　174
11.1　天津旅游产品现状　　174
11.2　天津民俗文化旅游资源的开发策略　　176
11.3　依托天津民俗文化特色的旅游产品分类　　177
11.4　不同类型旅游产品开发策略倾向　　179

12　文化创意设计案例解析　　183
12.1　用于不同类型旅游产品开发的天津民俗文化介绍　　183
12.2　利用系统性思维对天津民俗文化元素的提炼步骤分析　　188

12.3	从"音、形、色、行"中归类天津民俗文化特征	188
12.4	提炼与分析天津民俗文化元素	191
12.5	系统性设计分析	193
12.6	天津旅游产品设计实践案例	197

13 旅游产品创新设计的产业化发展综述   222

13.1	中国旅游产品市场低迷的主要原因	222
13.2	旅游产品产业如何突显创意产业特性	223
13.3	区域性旅游产品的创意产业化发展策略	224
	13.3.1 旅游产品创意产业化发展的核心策略	224
	13.3.2 探索城市旅游产品品牌建设与综合服务平台的一体化整合	225
	13.3.3 构建完整的城市旅游产品创意产业发展链	226

参考文献   227

引 言

文化创意与旅游产品设计，是通过对文化进行系统要素整合、分析与提炼，获得创意设计方法。在此种方法引导下，完成相关旅游产品的设计开发，是本书理论研究与实践应用最核心的目的。

本书主要理论体系及创新：

文化创意设计方法体系的建立，需要庞大而缜密的多角度专业知识作支撑。系统论、设计事理学、设计符号与产品语意学、中国传统美学、中国古典哲学、设计心理学、物联网技术的应用与研究等重要理论为本书整体理论体系基础。"文化创意设计方法"、"系统性设计方法"、"形态创新设计"三大理论源及主要创新模块，包括"如何构建叙事性情境"、"设计之隐·秀"、"设计之物境·情境·意境"、"设计之达意·传神"等研究成果，旨在实现产品造型设计结合民俗文化元素的广义产品设计等领域，"如何去想、如何去做"，如何为设计者建立完整的设计思维体系，寻找到民俗文化的创意设计方法。

本书强调的旅游产品设计也非传统意义上的旅游纪念品或工艺礼品。其作为产品突显而出的市场价值、使用价值特质以及对时尚、文化创意、艺术思潮等较前沿领域的敏锐度，是区别于以往该领域固有概念的主要特点。

本书由对文化创意设计方法的宏观、微观剖析形成核心中轴，围绕中轴线完成第一层面：重要概念阐述。包括对"旅游产品概念"、"旅游产品分类"、"文化创意理论"部分的概念理解与分析。旅游产品在扩充其作为产品出现的新特质后，本书提出创新型、创意时尚型及传统手工艺型三大主要类别，分别强调将民俗文化作为创意源如何实现传统元素与产品的适度整合，结合现代人的生活方式、文化背景完成民俗文化资源的市场性转化与创新；针对当代先锋文化，跳脱传统民俗文化圈层，立足于现代城市文化、时代风尚，通过对现代及当代文化元素的提炼和处理，将借由时代感强、造型个性化,产品的使用功能多变、灵活等极具现代气质的元素体现,实现产品创意;对依靠传统手工技艺的工艺礼品等,本书则强调运用现代设计理念对品牌发展做整合性创新。围绕品牌推广的一系列企业识别元素都需要结合其自身特征完成定制化创新。如中华老字号"狗不理包子",其品牌维护涉及品牌故事推广、客户体验创新、完整的系列化旅游产品策划等环节。

第二层面,旅游产品现状分析,借由市场占有率、真实的用户体验,由地域、人文、时代造成的用户行为与心理认知差异性而产生的各种客观现实,最终获得更为科学、严谨的数据分析性结论,为文化创意设计方法研究提供重要基础。

第三层面,旅游产品的受众,旅游者的系统解析。结合系统论、认知心理学、经济学、设计事理学等相关理论,以清晰的逻辑递进式分析,获取不同旅游者心理特质,潜在心理需求以及旅游产品如何实现与其对应使用者的深度情感交互。

第四层面,结合中国美学、哲学思想,以古今理论的辩证统一实现文化创意设计方法的宏观体系。对目标文化资源"民俗文化的提炼"由系统性思维模式展开,归于"形态创新设计方法"和"系统性设计方法"两大模块。在以"隐·秀"、"达意·传神"的设计原则指导下完成形态创新方法体系建立。围绕产品创新的核心——"构建动态情境",突出对"物境、情境、意境"的设计表达,结合现代设计方法完成本书提出的"系统性设计方法体系"建立。在两大模块整合作用下,完成旅游产品创新设计。

第五层面,结合具体设计实践案例反向论证理论观点,突出"学以致用"。本书贯穿始终的是作者及课题组成员直接参与指导完成的诸多实践设计案例。对案例如何思考、推导直至完成,结合相关理论观点均有系统论述,注重学术严谨,强调逻辑推导。为每一个观点,建立较丰富的事实佐证,且适度的思维逆推分析可为读者更清晰和直观地理解核心理论并最终为建立自己的设计思维体系提供重要帮助。

社会价值体现:

本书在五个层次的分析中,将中国古典美学、哲学与现代设计理论结合,强调文化创意设计的理论革新,并为"中国设计风格"如何确立寻找方向。同时,系统的文化创意设计方法,亦能使因缺乏深度市场挖掘而淡出现代城市生活的诸多宝贵民俗文化传承找到新出路,为经济价值与文化坚持找到平衡点,实现文化传承、文化进步与发展、城市品牌形象建立、文化的经济价值挖掘的共生共赢，共同促进。

在下篇中，本书着重分析区域性民俗文化与旅游纪念品的发展现状，并结合网络信息技术等科技元素，完成区域性旅游产品创意产业化发展宏观系统模型。对区域性民俗文化传承与发展、旅游产品经济价值提升及产业化发展方向提供理论支持。

本书适宜应用领域：

对文化创意设计方法体系的研究以及如何完整地完成旅游产品设计是本书核心内容。系统性设计思维，强调设计者建立系统性宏观思维，各个重要步骤如：元素提炼、元素整合与重构、事件分析、明确关键孕育性顷刻[①]、构建事系统、完成动态叙事性情境等，是必要存在条件，是系统构成模块。但各个模块存在的位置、顺序及各自间是否发生意义交叉、相互作用，则需结合设计者自身思维习惯，重新建立。避免照本宣科、千篇一律的步骤式方法体系，培养设计者建立更适用于自身思维特征的"定制化"设计方法。提升设计思维过程的逻辑准确性，更突出发挥设计思维的发散式、情感化因素如何被科学引导，适度加深，最终将理性与感性两股力量整合、协调好，共同作用于设计目标。

运用科学的、系统的设计方法去指导文化创意设计与旅游产品设计，避免了此二者过多被艺术化、感性化、模糊化的情况。使从事相关领域的设计研究人员能够获得一整套更为清晰的"有章可循"、步骤明确的系统性设计方法。

本书的适用范围包括广义产品设计、形态创新设计、包装设计、产品创意策划及更为具体的旅游产品开发设计、旅游文化整合、民俗文化资源整合与创新、民俗文化产品创新、地域性旅游产品开发等相关领域。适用于相关领域的本科生、研究生及专业教师、研究人员与设计人员。

为方便读者理解本书核心理论思想，现将主要理论分析以框架图（图1～图3）表示如下：

---

① "关键孕育性顷刻"概念，出自龙迪勇研究员在其关于"图像叙事：空间的时间化"研究中，强调"单一场景叙述要求艺术家在其创造的图像作品中，把'最富于孕育性的顷刻'通过某个单一场景表现出来，以暗示出事件的前因后果，从而让观者在意识中完成一个叙事过程。"其核心思想是"由图像表现出时间的流动"。

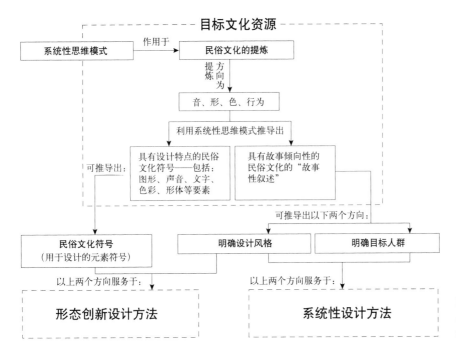

图1 创新型旅游产品设计开发模式理论框架图

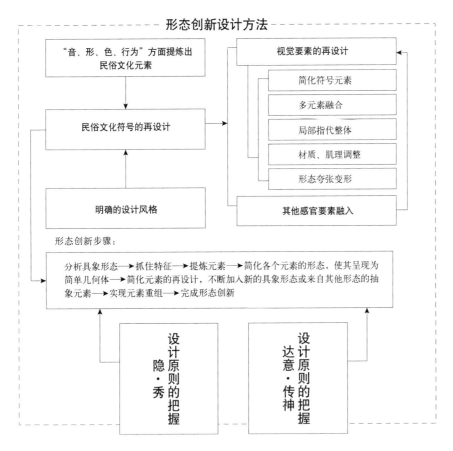

图2 形态创新设计方法解析

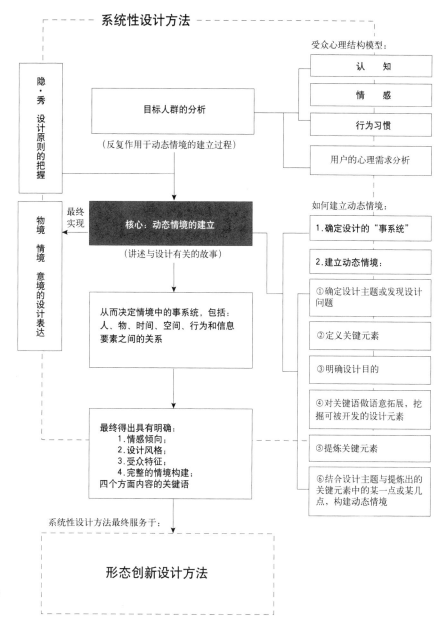

图3 系统性设计方法解析框架图

文 化 创 意 与 旅 游 产 品 设 计

上 篇

旅游产品设计开发与文化创意理论构建

1 旅游产品概念解析
2 旅游产品设计现状
3 旅游产品设计类别
4 文化创意理论之"达意·传神"
5 文化创意理论之"隐·秀"
6 文化创意理论之"境"
7 旅游产品的用户体验
8 设计实现民俗文化的产品化
9 旅游产品形态设计创新方法
10 旅游产品设计创意理论

1 旅游产品概念解析

产品创意设计视角下的旅游产品概念：

在不同学科领域中，由于研究方向、目的、界定方式等方面的差异会造成相同名词概念的不同解释，在本书中首先将诠释出在产品的创意设计视角下的旅游产品的概念和内涵。

在经济学中，产品是自身使用的物品，具有使用价值。商品泛指市场上买卖的所有物品，具有使用价值和价值的二重性。尽管产品和商品在概念上存在差异，但是现今在表达方式上多为同一指向。在旅游管理类学科中所提到的旅游产品，准确地说应该是旅游商品，其目的是用于交换，并非自身使用。一般定义为：经营者以满足游客多元化需求为目的，从食、住、行、游、购、娱等方面所提供的各种物质和服务的总和。通过旅行社针对游客需求进行单项旅游商品的设计组合并提供相关服务，具体表现为旅游线路的设计，主要包括沿线的旅游景点、交通、住宿、餐饮、娱乐等旅游设施和服务。

在产品创意设计学科领域中，产品设计是集产品策略、外观、结构、功能等阶段的系统设计，需符合社会发展、经济效益、使用、生产加工等各方面要求。旅游产品是指具有使用价值的，从旅游准备到旅游前、中、后期直至旅游结束后所涉及的一切不包含服务的实物及非实物产品。不同旅游季节、目的地或在同一目的地行程中的不同阶段所涉及的旅游产品存在一定的差异同时也相互交叉。如表1-1、表1-2、表1-3所示。

因季节差异形成的旅游产品差别 表1-1

目的地 \ 季节	春天（3~5月）	秋天（9~11月）
北京	表达春意盎然的踏春之旅，例如，颐和园、北海公园等。 旅游产品：遮阳、防晒、解暑用品等。	表达收获、秋意浓厚的丰收之旅，例如，香山红叶、采摘之旅等。 旅游产品：登山装备、采摘用品、休息及收纳用品等。

因目的地差异形成的旅游产品差别 表1-2

时间 \ 地点	海南省三亚	东北三省
12月	热带沙滩游 旅游产品：防晒、祛暑、泳装等用品	沁凉冰雪游 旅游产品：防寒、保暖等用品

因旅游过程的不同阶段形成的旅游产品差别　　　　表1-3

地点＼阶段	旅游准备期	旅游期：前阶段	旅游期：中阶段	旅游期：后阶段	旅游结束后
杭州——烟花三月	适合当地气候条件的服装、食品、药品等物品	从出发地至旅游地过渡阶段的物品	电子产品、自供短暂休息类产品	多功能收纳用品，如收纳盒、封闭袋等物品	旅游纪念品等

本书立足于产品创意设计视角，未局限于传统意义上的旅游纪念品设计研究。在继承一部分传统文化的同时又大胆革新，融入诸多时代要素的创新型产品，在使用功能、用户的交互体验以及加工工艺等很多层面都已跳脱传统概念上的旅游纪念品。只有以新视角新理念构建适合中国旅游产品发展特色的新思路才能最终实现中国品牌旅游产品产业建设，也才能最终找到中国民俗文化传承与发展的良性发展之路。

通过对当前国内外旅游产品，包括经典旅游纪念品的开发现状与发展思路，结合产品创意设计的相关理论以及中国美学、哲学、认知心理学、系统学等多学科理论知识寻找系统的中国品牌旅游产品建设思路。

如图 1-1 为运用传统文化元素结合现代设计理念，强调旅游产品的实用价值与文化传统结合的设计应用。其不再拘泥于传统的强调旅游纪念性、忽略实用性以及以手工技艺、传承性为核心的表达方式。杨柳青年画的纹样经过现代创意理念的再造，被赋予新意义。这一旅游产品将拥有更广阔的用户市场。对传统纹样的尊重，也使得这一文化财产得以传承，拥有更广阔的发展空间。图 1-2 定制化旅游产品"大过新年"系列主题海报，是独立设计师为新年设计的旅游产品。其设计风格大俗中见大雅，由传统

图1-1　天津杨柳青文化旅游产品

"年文化"中各个神兽、故事、习俗结合马年吉祥寓意元素,以现代设计理念所做设计创新并最终完成。定制化产品突出个性、时尚,非大批量投放市场,提升了旅游产品的纪念、收藏价值。设计上的时尚先锋性提升了产品本身的文化价值。其存在形式不同于传统意义上的旅游纪念品,更加强调传统元素如何与现代理念融合。图1-3切片猪肉存钱罐,此类旅游产品更注重实用功能及用户与产品的情感交互,往往以新颖的创意、独特个性、灵活的营销手段,更注重品牌文化建设为特质,是植根于如上海田子坊、北京798艺术基地等突出文化创意的现代文化旅游集散地的新兴旅游产品类型。在当前个性游、定制化深度游、主题游等现代旅游理念引导下,此类以突出时尚、创意、关注用户体验的现代文化旅游产品体现出强劲发展之势。

中国特色的旅游产品创意设计方法,要紧扣中国特色,注重不同情况下的区隔化文化创意理念建设。中国既有几千年历史的古老文化积淀,又

图1-2 定制旅游产品"大过新年"系列主题海报书

图 1-3 有趣的切片猪肉存钱罐

有伴随新中国成立的"近现代文化",更有紧跟时代潮流的新兴当代文化,这些文化都是中国旅游文化资源的宝库。中国特色的旅游产品创意,需要以此为基础,根据不同文化背景,有针对性地建立各类型旅游产品创意方法体系。

2　旅游产品设计现状

2.1　旅游产品设计开发价值

2.1.1　中国旅游产品窘境

对旅游产品而言，设计赋予其很多全新意义。无论是具有超前潮流意识的独立设计师作品还是挖掘传统民俗文化结合现代设计理念所做的旅游产品创新，设计都发挥着重要核心作用。中国旅游产品不同于传统意义上的旅游纪念品，其不仅注重艺术感、技艺性和传统文化、地方特色创新，更融入对新设计思潮以及新技术、新材料的运用。旅游产品突出其作为产品的更强大的市场流通性和更为敏感的大众需求反馈，关注点范围广阔并对产品的使用价值提出更高的要求。

对于传统意义上的旅游纪念品，一方面，旅游纪念品仍然侧重于对当地民俗文化、景观特点的深度挖掘；另一方面，中国民俗文化的传承与发展仍处于摸索阶段。当前，中国的民俗文化与旅游纪念品开发普遍表现出消极的发展态势。因此，通过对民俗文化与旅游纪念品的对比分析可知，随着社会经济的快速发展，两者要想发展都必须找到问题所在，仅仅通过政策、法规或物资支持无疑治标不治本。而二者的发展又呈现出互补的趋势，令问题的解决出现转机。一方面，民俗文化在现代文明的冲击下正迅速被国际主义"再造同化"，虽然政府出台了很多保护性的举措，但市场的缺失让那些治标不治本的"药方"显得传承乏力，让民俗文化逐渐衰败；从旅游纪念品的角度来看对传统文化资源的运用缺少创新和深度价值挖掘，很多旅游纪念品仍然停留在单纯依靠传统手工艺，并且同一旅游地产品趋同，几十年风格不变。更为普遍的情况是，各旅游地的旅游纪念品特色不明显，缺少独特风格。并且由于传统意义上的旅游纪念品对使用功能的要求相对较少，其概念甚至一度等同于工艺品。民俗文化是中国的艺术瑰宝，故步自封不行，放弃更不行，如何利用民俗文化资源很重要。

设计、策划，必须得合章法。一味地追求美感，强调前人技艺，寄托了民俗文化的旅游产品容易流于浮夸。毫无理性思维引导，仅凭感受或纯艺术性表达，又容易将其引到曲高和寡的尴尬地位，难以挖掘其更广阔的市场受众面。完全抛离民俗艺术以纯粹的设计经营完成旅游产品创新，虽然能走出一条文化创意产业的新路径，但其前提仍是对国粹的良好经营。日本、我国台湾地区等亚洲旅游胜地，其旅游产品产业发展强大，具有强烈的民族特色是其立命之本。可以说，从对民俗文化的保护与旅游产品的文化属性塑造来看，两者的互补性决定了建立一整套系统的、理性而严谨的旅游产品设计开发方案与针对民俗文化资源的文化创意理论是完全必要的。基于中国国情，这种理论构建又是紧迫的。

从两者所面临的发展障碍来看，旅游产品创意缺失和民俗文化发展失衡与市场经济密不可分。在市场经济条件下，一切产品存亡与否是由市场规律决定的，任何政策性的措施都不可能从根本上解决不良产品的出路问题。民俗文化由于人们传统价值观的改变与民俗观念的淡化正逐步丧失其原有的市场，而传统意义上的旅游纪念品则因为市场敏感度差，缺少创新，出现巨大的市场空缺，它们在目标市场上的高度一致性以及产品性能上的互补性为以民俗文化为资源的新概念旅游产品设计创新提出了新要求。

与其用大量的人力、物力对两者进行被动的挽救，还不如通过资源整合让两者实现符合市场规律的良性发展。因此，深度挖掘民俗文化，运用科学严谨的分析和设计方法，完成更广阔意义上的中国旅游产品创新，使其不仅具有旅游纪念品的基本特征，更融入对时尚、创新的敏锐反应，兼具适宜的使用功能，具有在满足受众的各种深度情感需求的同时，提升产品自身价值，最终达到对民俗文化资源化整合，创造更多具有旅游价值的新型旅游产品，直至完成中国特色民俗文化创意产业之路等重要的目标。

中国拥有很多具有悠久历史的古老城市。如何了解和认识这些城市，延续这些城市的古老文化，构建城市品牌对中国的整体建设和作为文明古国的文化传承与发展至关重要。旅游产品是一个国家或地区历史与文化的缩影，购买各类旅游产品是旅游活动中一个不可或缺的内容。

游客不论走到哪里，都会特别关注当地的风土人情、地方的特色产品。因此，当人们带走具有当地特色的旅游产品时，也将其所要传达的意义一并带走。结合民俗文化元素的旅游产品是中国城市文化的载体，在强大的设计力量中，旅游产品将带给人们更具创新性的诸多体验。以"打动"为初衷，以更为细腻的情感体验为保证，以对民俗文化的系统化开发为方法之一，以理性、全面的市场分析和营销策略为途径，旅游产品与民俗文化的设计创新，将能够为文化创意产业发展提供强大的支持，并为世界了解中国和本土民众了解自己建构起结实的桥梁。

2.1.2 "设计"——民俗文化传承之利器

随着信息时代的到来，依靠传统手工艺而存在的民间工艺品，或成为常人难以接近的奢侈品，或因少人问津而最终消亡。中国云南地区的"瓦猫"、河南淮阳"泥泥狗"、天津"泥人张"彩塑、山西面人和推光漆器等很多有着百年以上历史的优秀传统工艺品牌，都在困难的摸索着未来创新之路。但是传统文化本身厚重的历史积淀内容丰富，牵一发往往动全身，对文化的创新存在困难。这些文化与现代人之间的认知差异，生活方式、价值观念的不同等因素，也使很多关于这些文化传统再设计的摸索收效甚微。单纯依靠"更接地气"的造型，比如泥泥狗、泥人张中偶尔出现的时尚卡通形象，在专业艺术家看来未能准确表达传统文化的古韵，过于肤浅。普通百姓也因为这些造型太超前，改得不能突出其品牌特色而不买账。

在"改与不改，怎么改，改多少的问题"上，中国传统手工艺乃至整个文化体系的发展，都面临困难。

反观日本，在旅游产品开发方面不但将本土文化"樱花、和服、俳句与武士、清酒、神道教以及茶道、花道、书道"等文化发扬光大，更是通过不断引入新技术、新理念使自己民族的传统文化愈发年轻充满跃动的活力。在这种良性循环下，民俗文化得以传承发展，旅游产品也创造出更丰厚的价值（图2-1～图2-3）。

日本民俗文化与旅游产品的创意、营销和产业化发展的成功与中国"猫福"等民间工艺品发展的举步维艰告诉我们：将民族文化、老祖宗的手工

图2-1 日本旅游产品 冰箱贴（左）
图2-2 日本旅游产品 娃娃摆件（右）

图 2-3 日本旅游产品 茶叶罐设计

艺绝活仅是照本宣科、不思进取，在物质极大丰富的今天将难以立足。而大胆融入现代理念，在尊重传统的同时求发展才是这些传统文化得以传承的长远之路。如图2-3突出实用性的笔筒设计，日式风格明确。人物刻画突出静谧、细腻的国民文化风格，主题为故事性叙事表达。借由具有强烈日本风格的卡通人物造型讲述日本传统节日中女子身着和服参与节日的喜悦。

"设计"是民俗文化作为资源发挥其市场价值的重要手段。因为设计既是现代理念与中国传统美学的集合体，更兼具着"面向用户需求的市场化手段"特质。专业化设计理念与结合了中国美学的思考，将能够更深刻和准确地抓住民俗文化的核心，同时根据特定产品需求，有侧重地对该领域其他的民俗文化内容进行取舍。设计的特质又决定了它将时刻以用户需求为目的，旅游产品在被赋予民俗文化意义的同时，也将在实用性、用户心理体验、交互体验等方面拓展。

借由一整套完整的"设计、策划"理论方案，在理性思考、客观分析基础上结合现代设计理念、中国古典美学的再创新以及系统的设计方法，民俗文化不仅实现了传承与发展，更使千百年积淀的精髓散发璀璨光芒，突显其巨大的经济潜质。

以天津理工大学等高校的主题性旅游产品设计为例，初步阐述"设计"在民俗文化创新与发展中如何发挥作用。

如图2-4这套运用制作包子时的面皮和旧时天津装包子的笼屉两种元素变形设计的餐具，其表达方式是"简约与故事性"。狗不理包子作为天津的百年老字号，其品牌建设已有很成熟的风格。针对这一主题的旅游产品开发，运用系统的设计理论，其开发方向延伸至餐具、餐牌、手机挂坠等多领域。

本方案从狗不理较为著名的"手工技艺"出发，由擀面皮、捏包子褶儿的动作，挖掘第一个设计点。由品牌发展中，老天津卫的百姓喜欢在早点铺边吃包子边聊天的故事，挖掘第二个设计点。将百年品牌文化浓缩为两大原点。通过设计分析，将民俗文化有侧重地提炼。在这两个原点基础上，结合后面要阐述的几大核心设计理论，如"情境代入"、"系统性设计思维"

图 2-4 设计实践案例:"蒸蒸日上"狗不理餐具旅游产品系列设计

等方式,对原点进行发散,最终获得设计结论。一整套系统的设计方法,将百年品牌巨大的信息量层次化分析、提炼,明确的设计目标、清晰的调理,避免了信息过度造成的选择困难。同时,一个旅游产品设计完成,被提炼的文化资源重点也随着"情境"要求的不断变化,存在着层次上的区别。

利用线面曲折的变化,构建叙事情境,完成对狗不理品牌文化的理念体现和形态创新,运用"设计"手法实现民俗文化的传承。

而如图 2-5 这组利用天津剪纸文化及杨柳青年画的图案元素所做的风铃,将天津剪纸的工艺特点以及杨柳青年画的人物特征准确概括,同时融入很多吉祥的寓意,以老百姓喜闻乐见的形式对一种传统文化进行诠释。在传承和发扬天津民俗艺术的基础上运用现代设计理念大胆革新,突出创新性。当然,该方案从材料表达、产品衍生设计方面仍有很多提升空间,如果面向高端用户群对产品品质与细节表达也需深入剖析。但这种表达方式跳出了对杨柳青年画和剪纸的一般认知习惯,通过提炼两大民俗要素的核心形态特征,用一系列全新的产品形式作为载体,是民俗文化的商业价值转化上的创新。

这些能够深刻理解、恰当运用当地特色文化的原创设计案例在当前中国旅游产业中所占比重少之又少,原创设计师往往因为销路、加工成本等原因难以对大的旅游产品市场产生决定性影响。原创设计、民俗文化、市

图 2-5 设计实践案例:"风之韵"风铃设计

场价值,三大圈层中的有识之士各自努力着,却始终难以找到最适合中国国情的契合点。

中国旅游产品的创新发展需要更为强大、系统的理论支持,需要有能在微观层面上对旅游产品设计思维的深入剖析,更需要有能在宏观视角下,适合中国国情的民俗文化创意产业的发展蓝图。

古今交融要有正确的方法,要适时适度。倘若百年老字号的泥人张彩塑主人公变成奥特曼,纵然这份纪念品博得到此一游孩子们的喜爱,他们带走的也不再是百年传承的庄重与尊贵,而仅是一抹无足轻重的记忆。力度大了,过犹不及;力度小了,同样起不到革新的作用。现代革新思想需要全面的理论分析作支持。

2.2 旅游产品发展现状及策略

2.2.1 世界旅游产品开发策略

1. 日本

日本是亚洲国家中旅游产品设计领域的佼佼者。日本很注重对本土文化的传承与保护,国民文化素养普遍较高。旅游资源丰富,独立设计、工作室中从事相关工作的专业人才很多。其旅游产品产业链条完整,民俗文化创意产业发展完善。日本旅游产品涉及纯手工艺品到日用品、电子产品等领域。其市场销售层面划分相当清晰,既有适合较高消费人群的奢侈品,又有风格独特的一般类旅游产品。但其最大的特征还是极强的设计感。即便是有百年历史的老字号,仍会在营销手段、传统工艺以及产品表达上不断寻求设计创新。日本与中国都具有深远的文化历史,东方哲学美学观既存在相通之处又各具特色。日本在文化创意产业建设及民俗文化的维护上有很多值得我们借鉴和学习。

日本"和伞"、"木头陀螺"等传统工艺产品,其表达形式既对历史传统给予尊重,更注重细节上的突破和对时代风尚的把握,使这类产品在保证民族品味的同时,永远不会被市场淘汰。

日本的旅游产品可粗略分类为:传统民俗民艺类纪念品和具有明确主题的旅游产品。主题类旅游产品一部分以单纯纪念为目的,另一部分则将使用功能融入其中,增加了产品的实用价值。当然因涉及面较广,本书仅从中选取具有代表性的几个方面介绍和分析。

1)传统民俗民艺类纪念品(图 2-6 ~ 图 2-12)

此类产品尊重传统文化与传统工艺手法,在此基础上强调与时俱进,适当融入现代设计元素,使其既能充分传达本土传统文化的深层魅力又能适当拓展市场,增加自身的经济价值。

2)主题类旅游产品

日本的旅游产品资源丰富,涉及"吃、穿、用"诸多领域并且设计表达方式灵活。对传统民俗文化往往在尊重的基础上大胆融入设计思想,使很多经典得以传承并创造出惊人的经济价值。另外,日本茶具、人偶、动漫周边、电子产品等主题明确的旅游产品,融入很多现代设计思潮。细腻、

图 2-6 日本和伞

 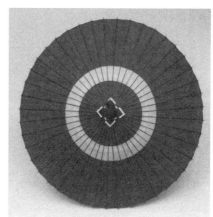

图 2-7　日本京都和伞

图 2-8　日本羽子板风格 1

图 2-9　日本羽子板风格 2

图 2-10 日本娃娃国王与王后（左）
图 2-11 有田烧（右）

图 2-12 日本陀螺

有趣等独特的日本风格也把一些现代产品成功列入日本的文化创意产业链中。主题类旅游产品更多依赖对文化的创意设计，以民俗文化、地方特色等为切入点，衍生出多门类、多形式的产品，突出实用功能、现代审美特性、时尚感等特色，其潜在的经济价值巨大。

3）主题为地域特色明确的旅游景区

日本对人文类、自然景观类旅游产品挖掘很注重"文化与情感"两大要素。文化，不止对当地标志性文字符号进行再设计，更强调基于深层内涵的文化要素提炼、创新，结合时代特征，不断为传统文化注入新活力。对情感体验的思考，是这一主题类设计最终打动用户的重要途径。中国很多名山大川巍峨壮阔，风景独特。但以此为主题的旅游产品如明信片、纪念币表达手法大都直白,缺少创新。对文化、情感要素缺少思考,单摆浮搁,难以打动人。如图2-13、图2-14所示。

泰山与黄山两大景区的纪念币从币面设计到包装风格几乎一样,而这种风格和10年前一般无二。游客从中不但难以寄寓特殊情感,对这两大特色迥异的山川深层文化精髓亦难觅踪影。

日本富士山旅游产品开发极注重对其文化内涵、象征意义的表达。富士山被日本民众称为"圣岳",寄托了浓烈的尊敬、崇拜与爱戴之情。旅游地推出的相关旅游产品将"情感寄托"作为设计焦点,富士山石块、明信片和特色纪念邮戳的结合,两种产品的表现形式看似毫无关联,但与"寄情于物"的设计目的一致。可见对旅游资源的创新性开发,结合严谨的设计理论剖析十分重要。如图2-15、图2-16所示。

当然,地域特色明确的旅游景区,其旅游产品设计之根本,是对其地域特色的准确、精炼概括。富士山石块或富士山空气瓶在保证对其情感寄托准确表达的同时,一定会有能证明其身份特征的附属设计。两部分共同

图 2-13 黄山纪念币

图 2-14 泰山纪念币

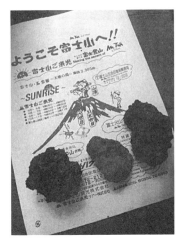
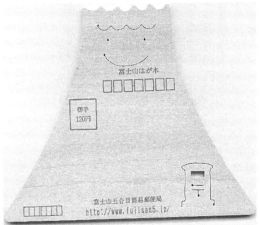

图 2-15 富士山石块(左)

图 2-16 富士山异质异型(木质)明信片(右)

图 2-17 日本特色明信片

构成富士山景观的旅游产品设计。如图 2-17~图 2-20 中日本的知名景区旅游产品对旅游景点的概括各具特色,现代设计感与传统文化适度结合,诠释准确。

4)主题为某个活动

为某活动设计开发的旅游产品,其特点是设计风格实效性强,极其注重市场需求。纪念与收藏价值往往和活动的重要程度、策划方式成正比。如北京奥运会、上海世博会,都属于阶段性国际级重要活动。其设计实效性侧重于用户体验、活动的纪念意义表达,合理的营销策略等部分。其不同于某个固定的旅游景点,活动进行周期内,实效性最强。游客只有参与

图 2-18 日本浅草寺传统纸伞和伞鬼

图 2-19 新干线火车模型

图 2-20 N700 日本新干线 手机链

图 2-21 XLarge 和 X-Girl 日本广岛开幕纪念单品

其中才能体会到旅游产品的纪念价值，对旅游产品的购买意向相对较强。因此，主题活动形式的旅游产品设计开发必须牢牢把握其存在特点，注重策略性。

如日本广岛开幕纪念水杯的设计，以单品、限量形式推出，迎合主题活动，配以直白的指示符号和符合其定位的时尚感，为旅游产品的实效性价值推广做到最大化（图 2-21）。注重推广策略，注重活动本身的风格定位，结合合理的设计开发方法最终完成方案。

5）主题为某个故事（或传说）——具有丰富的寓意

日本的旅游产品十分注重"寄情于物"。和式风格在其成功的设计营销下，已深入人心。静谧、细腻、鬼魅、自我、坚决、果断，对人性的怀疑等词汇都是对日本国民文化的抽象表达。日本的民间传说对和式风格定位起着关键作用。以某个故事或传说为主轴的设计，具有更强的情境代入感。旅游产品往往系列化，风格统一，其故事性通过相关情境中的关键要素隐化表达。

日本动漫已成为其重要的文化资源，很多动漫人物享誉世界。其手办设计的故事性表达手法运用高超。如《哆啦 A 梦》中关键角色，结合受众对他们熟知的行为习惯建立场景，则更容易使受众产生情感共鸣，完成"寄情于物"。且这种故事性表达为旅游产品的后续推广提供源源不断的资源，系列化、品牌化建设变得相对简单（图 2-22、图 2-23）。

日本招财猫寓意吉祥，造型憨态可掬。结合本土祈福文化，招财猫的相关旅游产品设计都紧密围绕"招财、招福"的祈福文化展开。故事性叙述要素往往选择与此有关的形象载体，引导受众认知"招财祈福的寄情于物主题"（图 2-24）。

2. 法国

法国山川秀美、历史悠久、文化璀璨，当地的旅游产品是一种传播旅游文化的重要载体，为旅游文化的产业化建设出力不少。游客沿着巴黎的

图 2-22 哆啦 A 梦道具博览

图 2-23 哆啦 A 梦手办

图 2-24 日本招财猫

大街漫步,或在火车站、机场等候时,可以买到琳琅满目、花样繁多的各类旅游产品。印有巴黎地铁图案、巴黎名胜的 T 恤和帽子,印有巴黎字样和各种风情的头巾,装饰有埃菲尔铁塔、凯旋门图案等的钥匙链、小台钟,

图 2-25 埃菲尔铁塔模型（左）
图 2-26 巴黎城市纪念杯（右）

刻有景点图像的打火机、烟灰缸和裁纸刀，制作成各种造型的冰箱磁贴，印有法国名胜和风情的各式杯子，印有各种图形的杯垫、餐垫，印有各式图案的相框，印有各种名胜和历史人物的扑克牌，印有各大名胜的图片和明信片，无不吸引游客的眼球，受到游客的青睐。这些旅游产品大多具有简单实用功能，设计风格突出时代感，强调现代性。以具象形态直接嫁接于产品之上或具象、抽象形态交替的简易设计形式为主。设计理念与策划相对简单（图 2-25、图 2-26）。

强调深度设计策划的旅游产品则更注重用户与产品的交互与用户体验的深度挖掘。如游客游览卢浮宫、凡尔赛宫、巴黎圣母院等著名景点后，在旅游产品商店门口还设有销售纪念币的投币器，只要投入 2 欧元，就能自动换成一枚该景点的纪念币。我国各景点纪念币也很多，但仍多为柜台式单线售卖，营销方式古板、单一。"寄情于物"以及由设计、策划提升产品潜在价值非常重要。

法国旅游产品之所以吸引人，一是特色鲜明，体现着法国文化的积淀。各地的旅游产品绝不雷同，花样翻新，都是结合当地的景点和特产进行设计制作的，富有浓郁的地域特色（图 2-27 ～图 2-30）。

二是做工精细，绝不粗制滥造。一个小小打火机银光闪闪，一个小林子图案都尽显新意。埃菲尔铁塔耳坠小巧玲珑，法式长棍面包的冰箱磁贴逗人喜爱。

三是富有艺术性，造型优美。雕塑、模型等纪念品都富有动感，不管是面向大众的中低档旅游产品还是定位高端的设计之作，其对造型、立意的把握都体现了较高的设计水准和法国人对设计与艺术创作的尊重与热爱。

四是面向大众的旅游产品大多价格不贵，轻巧便携，游客购买欲较强。花上几个欧元买几张栩栩如生的景点图片，回家镶上镜框，加一些小摆设，也颇具几分异国情调。不少游客夏天穿戴上在当地购买的 T 恤和帽子，潇洒地逛街游览，乐在其中。也有些游客买几张风景明信片，寄给亲朋好友，分享旅途乐趣。对二至四点的诠释，如图2-31～图2-34所示。

法国的旅游产品设计注重实用功能，充满异域风情的创意经常带给人意外的惊喜，与法国人浪漫的生活品味异曲同工。

法国巴黎街头的"玫瑰应急箱"，为了爱情而做的设计策划。情人节走在巴黎街头，如果突然擦出爱情的火花，被丘比特之箭射中的汉子们将不用再为无法表达爱意而慌张，玫瑰应急箱可解燃眉之急。"如果一见钟情，请打碎玻璃"。从专业设计策划角度讲，其设置地点多为适宜约会、求婚或

图2-27 法国卡卡颂纪念品店

图2-28 法国卡卡颂 悬挂在花园水池上的出水口壁雕

图2-29 大小约2个手掌的卡卡颂城堡模型

图 2-30 巴黎 圣·图安旧货市场

图 2-31 法国制造靠垫

图 2-32 色彩鲜艳的巴黎埃菲尔铁塔

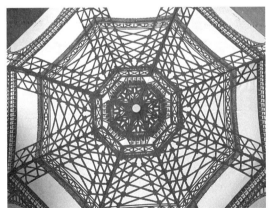

图 2-33 巴黎伞

图 2-34 法国沐浴产品

一见钟情的著名景区，如埃菲尔铁塔周围、香榭丽舍大街上（图2-35）。通过应急箱这一醒目、严肃的载体，承载爱情符号"玫瑰"，提醒路人面对爱情，机不可失，失不再来，如果在当下拥有足够的热情就应马上行动起来。

"玫瑰应急箱"对法国的地域文化诠释准确。以"事件"策划代替对单体物的表达，旅游产品拓展为由人、物、事共同构成的"系统"，将用户获得产品提升为"情感体验"。明确设计策划的目的——"表达爱情"，通过建立叙事性情境完成最终的"事系统设计"。用户与玫瑰、应急箱、香榭丽舍大街共同构成事件主体，设计结论则表达为完整的用户体验过程（图2-36、图2-37）。

图2-35 玫瑰应急箱

图2-36 法国创意类旅游产品

图 2-37 巴黎家居装饰博览会创意产品

日本与法国，由于其深厚的民族文化底蕴，以及对旅游地的合理开发，当地的旅游产品发展已趋于成熟。旅游产品分为以体现传统文化及传统手工艺为主的工艺品和以体现某个主题需求的创新型产品两个类别。后者既有可能是由传统文化衍生而出也可能是基于现代生活理念的新形式。日、法旅游产品开发思路清晰，能够根据类别的不同特征，分别、有针对性完成设计策划。

3. 韩国

作为亚洲四小龙之一的韩国，紧紧把握自身在高新数字技术方面的优势大力发展创新型旅游产品。运用现代设计理念以及成功的商业运作完成对文化主题与高新技术方面的旅游产品开发。以其精良的细节表现力、成熟的商业运作链条、先进的电子技术作为背景依托，走出一条具有韩国特色的发展之路。

如图2-38、图2-39所示书签将韩国代表性文化元素通过较为传统的塑形方式结合一部分现代构图理念进行再设计,完成创新。选用金属感材质,做工精致,突出了此系列产品的品质并提升其收藏价值。现代要素弱于传统视觉表达,突出婉约气质,能更好地传递传统文化信息。

图2-40在传统与现代的平衡中,加强现代元素的运用。控制好直接提取的具有现代感的视觉要素的度,做到与其他传统要素之间动态平衡,提升了此系列书签的时尚感与市场融合度。但现代与传统两大元素间极少有设计过渡,只有控制好现代要素的"度"才能使其不会显得突兀又能提升其韵律感。图2-41的书签设计,则是采用将现代元素更多地融合进传统元素中,其过渡方式更加柔和。优点是协调感加强,劣势是其视觉冲击力比上一种设计处理方式稍缓。

图2-38 韩国特色书签 a

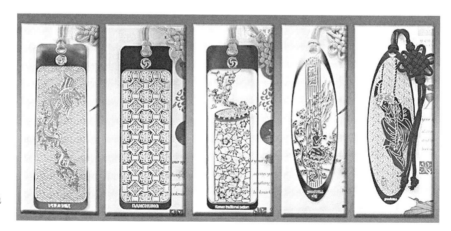

图2-39 韩国特色书签 b

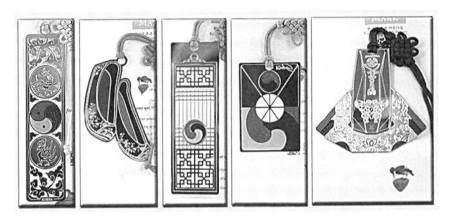

图 2-40 韩国特色书签 c

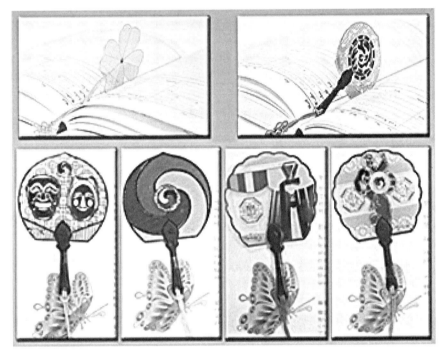

图 2-41 韩国特色书签 d

如图 2-42 ~ 图 2-45 所示,韩国特色书签设计,由现代办公用品的实用功能切入,将韩国本土传统文化要素经过提炼、设计、创新,以极其精致的做工和融入现代设计理念的传统元素再造方法,实现了旅游产品创新。将韩国传统文化与现代市场经济以及旅游者的需求点敏锐、精确的把控,实现了民俗文化的经济价值挖掘,促进了本土文化的发展。

如图 2-46 ~ 图 2-50 所示为韩国创意型旅游产品设计,体现了韩国旅游产品对时尚、创意趋势的敏捷反应。不拘泥于传统文化,大胆拓展基于产品实用性、科学技术应用及与用户情感交互的创意型旅游产品,突出个性,

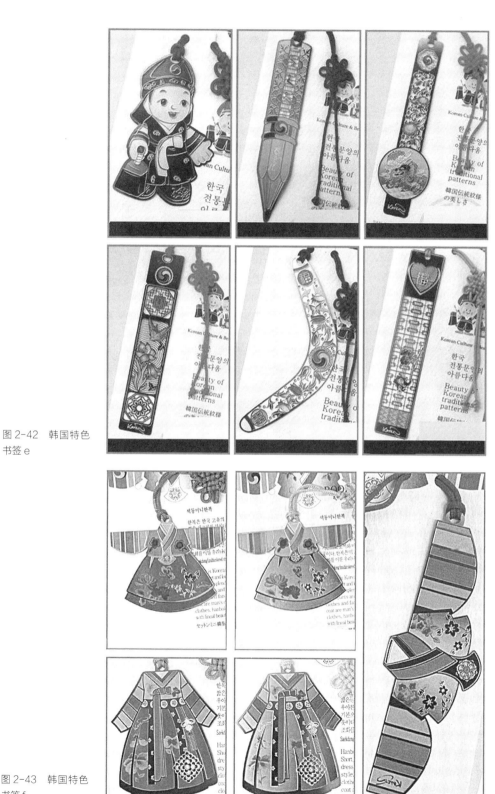

图 2-42 韩国特色书签 e

图 2-43 韩国特色书签 f

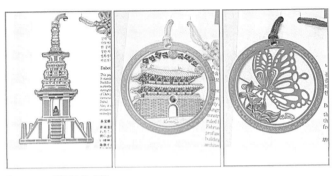
图 2-44 韩国特色书签 g

图 2-45 韩国特色书签 h

图 2-46 韩国创意型旅游产品 回形针书签

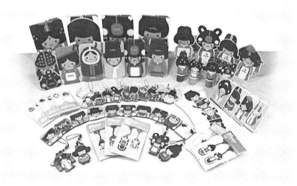
图 2-47 韩国创意办公用品

图 2-48 韩国创意 u 盘

图 2-49 韩国凤山面具磁铁

图 2-50 民和马赛克橡胶磁铁

注重细节表现力。在主题游、自助游逐渐成为新风尚的今天,以纯粹的设计创意最终在旅游产品市场博得一席之地,并逐渐建立起了具有明显国家品牌特质的旅游产品王国。

4. 美国

博物馆旅游产品是美国旅游产品的一大特色。在美国,依靠单一的观光产品已经很难在激烈的市场竞争中占有先机,而进行特色旅游商品的研制与开发,才能满足旅游者多元化的需求,文化传播的功能在旅游品开发过程中起到了重要的作用。美国博物馆担负历史文化遗产的收藏、研究、传播任务,实际上是全民族的共同责任。而美国博物馆商店不以营利为主要目的,而是利用发展有历史文化内涵的纪念品,来提高大众对博物馆藏品和展品的认知,推动历史文化的传播,促进博物馆经济效益的增长(图2-51)。1955 年,美国创建了一个非营利组织"博物馆商店协会",拥有 2000 多名会员。这个组织有严格的道德规范,配合博物馆的营运,在保障产品品质的前提下提高博物馆的知名度。加入这个组织的会员需要缴纳会费、定期提供资料和发展新产品等,同时也可以在保证平等的原则下,将自己的旅游产品通过该组织行销,从而使博物馆及商店达到国际化、现代化,提高加盟馆的国际地位及服务水平。如美国大都会博物馆内销售的书有 6000 多种,商店销售的商品近 2 万种。博物馆开发旅游产品非常慎重,但销售面很广,平均每年寄出 1300 多万本商品目录,每年为 60 万人邮售商品。

图 2-51 美国第一夫人定制瓷器设计

图 2-52 华盛顿美国航空航天博物馆旅游产品

美国迪士尼游乐园享誉全球,所出售的旅游产品是美国旅游产品领域的另一大分支。纪念性旅游产品的种类繁多,制作精美,价格区间也很大,可以满足各个消费阶层和消费年龄段的需求。此主题旅游景区的旅游产品围绕着迪士尼卡通人物及故事展开，旅游产品包括迪士尼徽章、迪士尼冰箱贴、迪士尼帽子、迪士尼人物造型服装以及迪士尼人物造型卡通玩具等多门类、多品种的旅游产品。

如图2-52所示为针对美国航空航天博物馆开发的旅游产品，包括钥匙扣、宇航员造型的笔和飞机模型等。该系列旅游产品主题明确，造型憨态可掬。围绕"飞行"的各类产品既能较好地代表航空航天博物馆，又兼具现代产品的实用价值。最下方为美国较具有代表性的卡通造型展品，对传递美国地域文化起到很重要作用。

5. 泰国

泰国清迈动物园受到当地桑叶造纸的启发，把本来当垃圾处理的熊猫粪"变废为宝"，制作纸类纪念品，五颜六色的笔记本、扇子、书签等旅游产品，游客们亲眼见到大熊猫产生的兴奋感与满足感使得用熊猫粪做的纪念品也大受欢迎。"创创"和"林惠"两只大熊猫的粪便做的纸制品已经为清迈动物园带来了大约8200美元的收入。当然，学习其他国家先进的旅游产品开发理念的同时也要客观认识到其发展中的不足。泰国清迈的熊猫粪制作的纸类旅游产品表现形式过于单一，对产品的功能追求仍有提升空间。

泰国清迈手工艺村的工艺师沿袭着世代相传的技艺，创造出各式各样的泰丝、瓷、漆器、木雕、丝棉织品、手绘纸伞等艺术品，实用精致，并且都是泰国传统的手工艺品，是泰国传统旅游纪念品的重要集散地（图2-53）。

泰国清迈的油纸伞工艺有两百多年历史，以青竹制成，颜色鲜艳、图案多样，包括花草、动物、人物和风景，伞面除圆形外还有方形，极具民族特色风格，吸引不少游客购买，其中以"伞村"博桑村出产的最著名，当地不少农民都会在农闲时制作油纸伞，也有专门的作坊。如图2-54在清

图2-53 泰国清迈手工艺村

图 2-54 泰国清迈油纸伞工艺

图 2-55 泰国清迈花伞节

图 2-56 泰国舞者（左）
图 2-57 泰国象（右）

迈的花伞节上，博桑村村内各处都会以油纸伞装饰。有为制伞工匠和伞画师而设的花伞比赛，有当地女性表演"大伞舞"和撑伞自行车表演，同时举行"博桑小姐"选美等活动，是当地非常著名的旅游主题活动。

泰国其他标志性形象如图 2-56、图 2-57 还有诸如泰国舞者及泰国象等。泰国的旅游产品较注重传统工艺的保留且民族风格特征明显。新理念下的创意型旅游产品相对较少，但诸如利用熊猫粪便制作的环保主题旅游产品仍体现了很强的时代意识。

韩国、美国以及泰国的旅游产品发展很大一部分侧重于高科技要素运用以及现代设计理念、运营理念的利用，且特色领域明确。旅游产品开发的资源精确，在特定领域做专做强后延伸发展其他旅游资源开发，走出一条运用清晰设计思路、恰当结合特色民俗文化的旅游产品设计开发之路，是我们可以借鉴的优秀经验。

2.2.2 旅游产品发展现状

1. 国外旅游产品地域特征明显

对旅游的热爱源自人们本能对未知的探求欲。追求不同生活的差异和奇特体验，即旅游的本质。如东方国家或地区社会的民族历史，生活方式，风俗习惯，文学艺术，服装等在西方社会看来是具有异域文化和神秘吸引力的存在，这反映出人们在文化艺术及审美情趣上的需求。而很多欧洲国家的旅游产品之所以吸引人，主要是特色鲜明，制作精良，各地的旅游产品绝不雷同，花样翻新，都是结合当地的景点和特产进行设计制作的，富有浓郁的地域特色。旅游产品产业发展完善的国家极其注重品牌维护，极少出现我国粗制滥造、抄袭等短视的旅游产品开发行为。这也体现了很多欧洲国家对旅游产品设计开发思路的完整性和政策的适时维护，使其文化得以健康发展。

意大利水城威尼斯有一家声名远扬的面具制作商店，店内所有的面具全由店主亲手打造，充满浓郁的意大利风情。游客买面具更多的是对欧洲传统文化的好奇和被它的美丽所吸引。虽然价格不菲，但购买者络绎不绝（图2-58）。

英国旅游产品突显英国的典雅，以具有特色的人文、历史、景观进行设计延伸。设计注重旅游产品的品质，强调主题（图2-59~图2-64）。

图2-58　威尼斯的面具

图2-59　英国瓷器礼品

图2-60　英国创意旅游产品

图 2-61　创意马克杯（左上）
图 2-62　英国茶叶及其明信片形式的包装盒（右）
图 2-63　哈利波特主题纪念品店（左下）

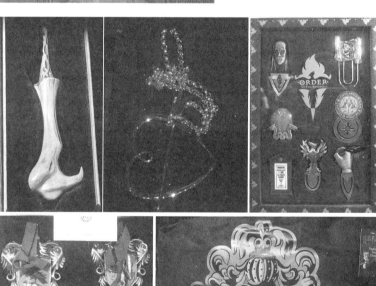

图 2-64　哈利波特主题旅游产品

德国特色旅游产品——木质人偶,其民族风格强烈,十分注重旅游产品制作品质(图 2-65 ~ 图 2-67)。

德国特色木质人偶其造型风格具有极强烈的德意志民族风格。用色与表情甚至场景设定都体现了本民族特质,具有非常浓厚的生活气息。

德国吹烟娃娃又名熏香木偶,原名抽烟的人(Smokers),是源自17世纪的一种德国手工业品。历史超过300年,吹烟娃娃形态渐渐地以反映当时的时代背景创造出代表各行各业的木偶而丰富。其工艺制作精良,是极具德国特色的旅游产品。一些比较有代表性的造型和一些工匠的作品已陈列在博物馆。如图 2-68、图 2-69 所示,打开烟人的底座,将檀香点着,放在底座盘上。将烟人底座盖回,过一会儿就会从胡桃的嘴部开始吐烟了,并有一股檀香的香味散发出来。

其他各国较知名旅游产品,如图 2-70 ~ 图 2-74 所示。

图 2-65　德国矮人木雕

图 2-66　德国木质人偶

图 2-67　德国特色木质人偶

图 2-68　德国吹烟娃娃

图 2-69 德国吹烟娃娃

图 2-70 荷兰木鞋（左）
图 2-71 荷兰瓷摆件（右）

图 2-72 加拉巴哥群岛 马克杯（左）
图 2-73 克罗埃西亚 手工艺品（右）

图 2-74 希腊旅游产品

国外许多成功的旅游产品开发案例，更加准确地印证了具有民族风格、文化特征等地域性特色是旅游产品得以推广的重要保证。例如：迪士尼乐园根据其自身特点，以深受人们喜爱的米老鼠为原型，开发出米老鼠的帽子、米老鼠形象的咖啡勺等旅游产品。英国伦敦的伊丽莎白塔（旧称大本钟），是英国的代表性标志，利用英国的精细工艺特征，抓住其形态特征延伸出钥匙链、相框、茶壶等多种设计方案。

2. 我国台湾地区的旅游产品设计

台湾旅游产品十分注重品牌建设、文化理念的经营。其独立工作室及独立设计师的定制设计创意理念独特，已逐渐发展为台湾地区的旅游产品的品牌特色（图 2-75、图 2-76）。

台湾有很多家风格各异，设计感十足的创意小店，其产品突出自身特色，如手工工艺、设计理念等。图 2-77 所示为台湾花莲的原生态创意小店侧重"原生态"理念，强调生活的本我态度。

图 2-75　台湾独立设计师作品

图 2-76　2013 年台湾新一代设计展作品

图 2-77　台湾花莲原生态创意小店系列产品

图2-78是台湾花莲原生态创意小店的经营理念。像蘑菇的生活,强调"温吞、缓慢",以尊重环境的友善态度开发各类产品。"蘑菇"的设计理念以其生活刊物《蘑菇手帖》的形式具体呈现。同时,该创意小店举办展览和各类活动,通过多种更为灵活与生动的形式将"平凡生活中美好温暖的部分渗透进每个人心中"。可见,台湾地区的民俗文化创新意识极强,而对于文化的创新创意,如何更和谐于经济价值挖掘、市场需求的满足,台湾亦是勇于尝试的。

图2-79~图2-81是以台湾原住民为设计题材的小挂坠。在对传统原住民形象进行设计整合基础上,每个旅游产品附赠原住民文化历史的普及卡片,是对原住民文化的完整诠释。由主体产品到产品周边,包括包装、宣传卡片、品牌标识,该旅游产品十分注重品牌形象建立。也强调了创新型旅游产品在传统文化与现代设计理念两者上要如何统筹。

图2-82为一款做工精良的生肖主题旅游纪念笔。对生肖马的形象以亲和力更强的卡通造型入手,同时将中国京剧元素精准融合,每一处细节

图2-78 "原生态"生活理念设计与经营（左）
图2-79 台湾原住民题材 挂坠（右）

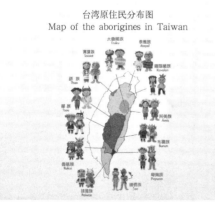

图2-80 台湾原住民题材 挂坠附赠卡片1　　图2-81 台湾原住民题材 挂坠附赠卡片2

都极其尊重文化本质，设计制作精良，突显了独立设计师在权衡产品与文化之间关系上的深刻思考。

图 2-83 为华梵大学工作室的定制化旅游产品设计。强调原创设计与台湾本土文化的融合，基于华梵大学的理论研究基础，开发金属工艺旅游产品品牌创新。

台湾地区旅游产品产业发展较大陆要完善。产业链中的各个重要环节衔接紧凑。定制化设计极其注重对本土地域文化的表达和提升，强调运用现代设计理念与一些超前的时尚元素表达主题。旅游产品的实用功能往往兼具一些有趣的交互体验，丰富旅游者对旅游产品的情感体验内容。

台湾黄金博物馆的特色产品其设计风格抽离于传统与现代之间（图 2-84），对传统元素的再设计的度控制得舒张有致。图 2-85 将铁材质的冰冷、刚硬完全由造型和动态转化为柔和、温暖的相反属性，且极具亲和力的形态使产品与受众能更容

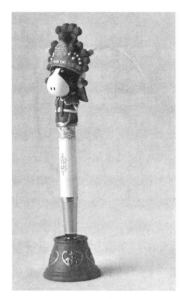

图 2-82 台湾旅游产品 生肖笔

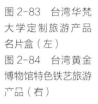

图 2-83 台湾华梵大学定制旅游产品名片盒（左）

图 2-84 台湾黄金博物馆特色铁艺旅游产品（右）

图 2-85 铁艺旅游产品 细节展示

图 2-86 台湾黄金博物馆系列产品设计

易建立起交互平台。图 2-86 为台湾黄金博物馆另一系列产品设计,精良的制作一直是台湾旅游产品的一大特质,在此系列产品中,这一优势也极大地提升了购买者对台湾旅游产品的品牌认可度与忠诚度。

本书团队人员在台湾考察期间,对其各类互动性旅游区设计体会颇深(图 2-87)。很多交互方式贴近百姓生活,形式多样,同时时代感强,民族文化理念先进。其时尚感、社会认可度极高。将民族的变为世界的,在台湾已可初见端倪。中国大陆地区需要更多借鉴台湾成功运作理念、设计理念和民俗文化的经营管理经验。

台湾驳二艺术特区整个区域内原本斑驳老旧的建筑物上,都涂满了风格特异的壁画和涂鸦,空间内则是满满的装置和雕塑作品以及艺术彩绘人偶,就像是年轻的人们耐不住诱惑,势必要逮住机会把创想挥洒出来才够

图 2-87 黄金博物馆 游客交互体验区

2 旅游产品设计现状　　**041**

图 2-88　台湾驳二艺术特区

图 2-89　突出创意理念的台湾旅游产品

大快人心的那种情致。驳二已成为当地创新与前卫精神的展演活动中心以及社区性的艺文活动中心，该艺术特区及周边特色旅游产品，以开放式创意园的形式，旅游者与专业设计从业者可在此建立良好衔接，直接建立设计师与受众之间的交流平台（图 2-88、图 2-89）。

3 旅游产品设计类别

本章着重阐述旅游产品领域设计理论，探讨针对三大领域的旅游产品各自建立适应自身特征发展的系统理论，最终实现设计理论革新并应用其解决实际设计中遇到的问题。本章所界定的旅游产品，包含传统意义中的旅游纪念品，但由于今人对旅游的定义不断扩展，围绕旅游产生的系列产品也已不局限于仅以纪念为目的而其他使用功能、交互体验相对薄弱的工艺品。

3.1 创新型旅游产品

创新型旅游产品侧重于基于民俗文化传统所做的产品创新设计。它不同于传统手工艺类旅游产品，是在继承传统的基础上强调发扬、改变和创新。创新型旅游产品兼具民俗文化精髓、创新设计理论以及旅游体验，不再拘泥于单纯的旅游纪念。将纪念的意义拓展到游客的深层情感交互层面，旅游产品开发延伸至游客在整个旅游事件中对"特定物"的需求。创新型旅游产品是对传统民俗文化的升华，是在现代视角下对文化的重新解读。对"产品"的特性进行强调，提升其实用功能、更为灵活多变的人与产品交互方式，使其具有更强大的市场适应力与经济价值。实现游客在产品上的深层情感体验，跨越传统纪念品以造型、工艺传递的"陈述式意义表达"，完成游客、产品、文化及不同时空背景下的"交互式甚至引导式意义表达"。

如图3-1、图3-2为台湾华梵大学工作室的定制铁艺作品，以台湾原住民为原型所做的金属摆件，其形象设计极具视觉冲击力。将现代美学原则、设计理念大量融入到新形象的开发，既突出了原住民的核心民族特征又将现代人的时尚审美观作为主要衡量标准，以精湛的铁艺处理工艺突出其制作品质，提升了该品牌的品牌价值与地位。

台湾华梵大学设计艺术学院的特色金属工艺产品以定制化理念，结合当地原住民文化，开发了一系列地域特色极其鲜明、时代感强的旅游产品。这些定制化、

图3-1 台湾华梵大学工作室铁艺作品 蜡烛台设计

图 3-2 台湾华梵大学工作室铁艺作品细节图

图 3-3 台湾"新一代"创意产品设计 1

图 3-4 台湾"新一代"创意产品设计 2

图 3-5 纸艺设计产品

风格强烈且做工精湛的旅游产品目前在较成熟的产学研平台下,其品牌文化已奠定了发展的基础,并且已创造良好的经济效益,是对旅游产品设计创新理论与实践应用的成功尝试。

图 3-3、图 3-4 都是典型的创新型旅游产品设计应用。将传统民俗文化经过系统性设计开发理论分析整合后产生的具有新功能,被赋予更丰富意义的旅游产品。

图 3-5 将传统文化元素与现代卡通造型整合,属于当下较常见的创新设计方式。其优势是社会接受度高,形象鲜活,较容易完成与受众的情感交互。劣势也较明显,即立意较浅,品质提升需要更多创新方式辅佐。

台湾九份老街茶艺馆,游客在品茶的同时还可以领略当地茶文化。在浓郁的地域文化氛围中,做工精良、特色鲜明的茶艺系列产品必然脱颖而出。结合现代设计理念,将传统形态要素与神韵适度调整、创新,将会极大提升产品自身的市场认可度,使游客获得独特的旅游体验,增加旅游的附加价值(图 3-6)。

结合系统的设计开发理论,完成对民俗文化的资源整合与产品的创意开发,既需要考虑到传统文化的意义与价值,又需要兼顾旅游产品能够打动人、使受众对旅游地产生情感共鸣并能体现旅游地特色等方面的旅游产品特质,体现出限定因素多而庞杂,某些影响因素

图 3-6 台湾 九份 老街 茶艺馆

又具有特色鲜明、排他性强的特点。对创新型旅游产品的开发理论将结合中国传统美学、应用心理学、系统论、语意学、设计事理学等多领域多门类学科，构建完整设计方法体系。

3.2 创意时尚型旅游产品

相对于几千年延续至今的中国传统文化，城市的不断发展带动起来的近现代城市文化如同健壮的青年昂首阔步般发展。针对这些有着清新的时代感、代表着新一代人思潮的所谓时尚、前卫的旅游产品，在地域性特征表达上，正发挥着越来越重要的作用。

美国加州迪士尼乐园（Disneyland Park in California）位于美国加利福尼亚州阿纳海姆市（Anaheim）迪士尼乐园度假区，于1955年7月17日开业，是世界上第一个迪士尼主题乐园，被人们誉为地球上最快乐的地方。当前，迪士尼乐园甚至成为美国旅游甚至是美国的变相代名词。其历史发展与中国福州漆筷、山西推光漆器、国粹京剧这样动辄上百年上千年的传承相比，少了动人的传奇故事和厚重的历史背景，却多了更强劲的发展脉搏和更合理的运营方式。社会发展，人的思维方式随之不断演进，具有近现代进步思潮特征的旅游资源以及围绕其展开的旅游产品以其更加灵活多变的运营模式、敏感的时尚触觉和残酷的市场机制下的生存模式，顽强而活跃的在当前旅游产品市场上昂首阔步。

日本动漫产业发展中，卡通衍生产品作为其中极为重要的一环，为动漫产业链提供了强大的后续经济补给。并且这种补给力源远流长，一个成功的动画作品带动的卡通衍生产品生命周期往往比动画作品本身具有的生命力还要长几倍。如世界著名的动画片《哆啦A梦》其动漫衍生产品到今天仍然经久不衰。比起令国人自豪的国粹京剧，《哆啦A梦》所创造的经济价值、文化影响力，甚至是对日本国家形象的推崇恐怕都要远远领先（图3-7）。

从这些设计案例中可以看到，哆啦A梦的衍生产品同样是在不断变化的。无论是美国迪士尼还是日本动漫衍生产品，这些随着城市发展而不断形成的文化历史相对较短而产业化发展却强劲有力的时尚型产品，文化创意手段的推陈出新是其立于不败之地的关键。

创意时尚型旅游产品其核心特征是跳脱传统民俗文化圈层，立足于现代城市文化、时代风尚，通过对现代及当代文化元素的提炼和处理，实现产品创意。针对的旅游地大多是现代、当代先锋文化聚集地，强调特色旅游、定制化旅游以及目的性更为明确的深度游、个性游。对旅游地的深层情感体验，将借由时代感强、造型个性化，产品的使用功能多变、灵活等极具现代气质的元素体现。

如图3-8、图3-9为台湾系列创意磁铁设计。将台湾的著名景点以卡通造型、夜光地图、抽象图案等形式进行概括，体现了创意时尚类旅游产品的核心：对文化创意理念的大胆应用以及最大化提升产品的市场价值，做到对市场需求的迅速反馈。

图 3-7 哆啦A梦周边产品

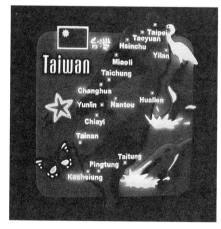

图 3-8 台湾夜光版旅游磁铁 地图（左）
图 3-9 台湾夜光版旅游磁铁 日月潭（右）

图 3-10 台湾驳二艺术特区巨型公仔系列 a

图 3-11 台湾驳二艺术特区巨型公仔系列 b

台湾驳二艺术特区,将艺术观光作为其最大特色推向市场。图 3-10、图 3-11 是其具有标志性的巨型公仔系列设计。公仔造型夸张,张力十足。同时身上的纹饰将当下的文化时尚元素及当地的传统文化元素都进行大胆的设计革新。游客在欣赏这些特立独行的创意公仔的同时,还可非常方便的租赁到自行车,远望高雄 85 大楼。艺术观光之旅被赋予视觉、听觉、触觉等多重体验,其现代个性游的特征十分明显。创意时尚特征使其运用当代文化思潮获得旅游产品市场的一席重要之地。

台湾礼品设计展作品,系列灯具,其艺术先锋性及强烈的思想表达以较高艺术定位完成了创意时尚型产品的准确诠释。注重新材质运用,将矛盾与强烈视觉冲击融入作品,触动受众心灵,其表达方式明显区别于传统文化中庸、平和的观念(图 3-12、图 3-13)。

图 3-12 台湾礼品设计展 a

图 3-13　台湾礼品设计展 b

　　台湾特色纸艺礼品将童话情境代入其中，用纸材质从形、色、意义上系统创新，对现代设计理念完整的应用从而获得风格明确的产品。

　　这一类完全市场化的创意时尚型产品，注重产品的市场接受度及用户深层情感体验，突出实用价值。且很多创意时尚类产品其营销模式、整体的品牌经营都具有灵活多变，市场反应灵敏的特点。面对国内外游客的挑剔选择，同样可以占得先机，创下骄人成绩。当然，前提是以出色的文化创意方法作保障（图 3-17～图 3-19）。

图 3-14　台湾特色纸艺礼品系列 a　　　　　图 3-15　台湾特色纸艺礼品系列 b

图 3-16　台湾特色纸艺礼品系列 c　　　　　图 3-17　创意家居用品设计

图 3-18 创意生活小产品（左）
图 3-19 创意产品设计（右）

3.3 传统手工艺类旅游产品

以体现传统手工艺技术为特征的旅游产品，如天津的泥人张彩塑、风筝魏、绒花、剪纸艺术等，与以融入民俗文化符号与科技元素为特征的旅游产品开发和以将民俗文化符号与时代性、实用性、创新性进行整合为特征的旅游产品开发的情况不同，因为它们具有悠久的发展历史，本身已经作为一种能代表该地区的民俗文化符号存在了。因此可以说，它们既是一种民族文化符号，可以服务于另外两类旅游产品的开发设计，同时又是单独存在的一类旅游纪念产品，自身的发展本身就需要开发策略的扶持。

传统手工艺品这种困难的发展情况，开发将从如何提升游客的认知度以及如何发展品牌化、系列化，提高产品的品质感等一些现代化管理理念、营销理念以及衍生设计理念的运用方向上求得解答。

天津的魏记风筝虽然做工精良但难以在众多风筝品牌中树立鲜明品牌形象，并且包装陈旧，难以与精致的手工艺划等号。天津的泥人张彩塑与惠山泥人在某些经典款式上具有自己品牌的特色，做工精湛。但两大品牌的拓展产品琳琅满目，从反映当地民俗文化到对现代元素的应用等诸多视角下，两大品牌的造型逐渐区隔变小。如图 3-20、图 3-21 无论从包装上还是品牌形象上都看不到明显的区别。而同样的问题也存在于天津的风筝魏以及潍坊风筝（图 3-22、图 3-23）。

图 3-20 惠山泥人（左）
图 3-21 泥人张彩塑（右）

图 3-22　山东潍坊风筝（左）
图 3-23　天津风筝魏作品（右）

因此针对此类工艺特征明显，产品形象发展相对清晰的旅游产品开发，需要制定相对应的开发策略。

3.3.1　对传统形态的分析思考

传统手工艺类产品，产生的根源在于它是民俗文化的物质载体，继承了原始文化的很多特性。传统手工艺类产品紧贴大众生活并为之服务，这就决定了它们一方面继续传承原始艺术的特征，另一方面作为大众生活的重要组成部分，表现出非常灵活的随俗应时的变迁性。它们随着老百姓的需求变化而变化，这种"传统的传承，群体共同的创造"，是传统手工艺类产品形成和发展的主要源泉。正是基于此，可以说传统手工艺类产品的发展之路，需要在尊重传统的同时做到与时俱进，求新求变，一味的故步自封将会令传统手工艺的路越走越窄。像今天的"云南瓦猫"，因为与普通百姓的生活方式和价值观存在太大的差异，还有工业化正以惊人的速度取代传统各行各业的手工制作，令传统艺人或因市场需求减少，或因传男不传女、传内不传外等陈规旧历面临着"人亡艺绝"的危机。

云南猫福也叫瓦猫，最早在住宅中安放瓦猫，为了祈求人宅平安，其功能类似于泰山石敢当，在形式上更加具有地域特色。"猫福"从最早的镇宅吉兽逐渐发展为云南地区的旅游工艺纪念品，其内涵意义也逐渐衍生为"祈求平安与幸福的生活"（图 3-24）。

传统手工艺品的历史传承和人们约定俗成的认识，介乎于艺术品与商品之间的尴尬位置，使得这些传统形象虽然经典、知名度高却难以发展，去创造更多的商业价值。对于传统形态的再设计需要深思熟虑、步步为营。

云南猫福制作大师郜金福，在多年从事传统猫福制作的过程中摸索出一系列对猫福形态创新的方式方法，对我们进行传统形态的再设计起到重要作用。郜金福师傅将对猫福形态的处理大致分为以下几个方面：

图 3-24　云南瓦猫

首先，在保持瓦猫造型风格不变的情况下，缩小比例并将拱形底座改成平方的，方便游客携带与放置；

第二，在传承"传统意义内涵"的基础上，进行类型风格的拓展；主要包括：传统瓦猫造型类、将传统瓦猫与周边民族同类脊兽综合造型再设计类。在保持鹤庆瓦猫大体造型风格不变的基础上，结合部分纳西族、汉族等瓦猫的造型特点，并将纳西族瓦猫"吞金屙银"的世俗功利性融入鹤庆瓦猫的文化内涵中，使它在镇邪驱鬼的功利目的之外有了更大的延伸，因此也具有了更广泛的群众基础。

第三，通过对同类民间造型艺术的借鉴，为云南猫福形象注入新的活力。例如，在镇邪驱鬼的共同文化内涵下，郜金福借鉴了傩面具和图腾柱的表现形式，对传统猫福进行面具装饰化和立体组合化创作，以此来丰富猫福的视觉造型，给游客提供更多的选择余地。

第四，通过与外来文化融合产生新的造型风格。我们看到的猫福已经改变了原有蹲踞的造型，分别将左前爪和右前爪上伸，类似于日本的招财猫造型。传统猫福造型的这种细微改变，是取自当前招财猫"左手招财"、"右手招福"的寓意，是日本传说与中国传统猫福的现代结合。

最后，是对鹤庆猫福造型的大胆革新。保留住传统形象的古朴、粗犷与神秘的特征，而舍弃狰狞与传统造型上的严肃性，从而拉近游客与产品之间的距离促进游客与之情感共鸣。如以拟态的手法再现生活中的各种形态，通过唱卡拉 ok、跳舞等造型，体现一定的娱乐性和幽默感，实现旅游购物的娱乐性和纪念目的，使新型猫福产品真正作为一件旅游产品产生价值。

瓦猫形态创新主要包括原型缩小类型，面具、图腾柱结合类型，世俗化类型（捧乐器状），模仿日本招财猫类型等。

云南工艺品"猫福"的成功改造，也为其他传统手工艺类旅游产品的造型开发提出重要启示。结合天津旅游产品我们将其归结为：

（1）对旅游产品的实际尺寸进行调整，以适宜游客携带以及后续使用

图 3-25 杨柳青年画经典代表"连年有余"(左)
图 3-26 "连年有余"主题剪纸艺术(右)

为调整标准。泥人张彩塑,虽然也有用玻璃框镶嵌的体积较大的作品,但为了方便游客携带也相应开发出系列化尺寸在 10 厘米左右的小礼品套装。

(2)对某一种传统手工艺类旅游产品造型的改造,可适当借鉴与融合该地区其他民俗工艺品的形态造型特征。如图 3-25、图 3-26,天津杨柳青年画最具代表性的形态是"连年有余"而天津民俗艺术剪纸,将天津杨柳青年画"连年有余"形态经过设计再造,保留其精要后用剪纸形式全新呈现,是传统手工技艺的灵活运用。

(3)将外来文化、顺应市场发展的设计形式法则适时、适度地融入天津的传统手工艺设计中。外来文化可能来自中国的其他地区或其他国家,这种文化因素的考虑本身带有一定的适时性。如在福猫设计中融入招财猫的形式,在把握传统手工艺品的"神与意"的基础上,对新形象的考虑主要来自市场需求以及时尚的风向标。天津传统手工艺品造型形态的革新必然要考虑到游客的喜好以及不同文化背景的人群所具有的不同兴趣点。准确把握住传统工艺的"神与意",如杨柳青年画的饱满色彩与独特的人物特征,在此基础上对形式进行改良将会极大扩大传统手工艺品作为旅游商品的销售市场。

(4)将高新科学技术有选择地应用于天津的传统手工艺设计、制作中。绝大部分传统手工艺产品的卖点都是手工技艺的独特性,因此似乎高新科技与这些传统工艺的改革不可能存在交集。但事实上,无论从技术的革新的角度还是在传统工艺品中融入高科技元素,本着准确把握传统手工艺品的"神与意"的原则,高新科技的应用都应是对传统手工艺发展的有益补充。如某些旅游产品应用的镭射激光等各种防伪技术,既增加了游客的购买信心也是产品自身价值的重要保证。

3.3.2 对传统营销模式的思考

在市场经济条件下,一切产品的存亡是由市场规律决定的,任何政策性的措施都不可能从根本上解决不良产品的出路问题。由于民间造型因人们传统价值观的改变与民俗的淡化,以传统营销形式出产的作品或因为不适应市场需求而无人问津或是价格昂贵，普通老百姓难以接受，再或者为了谋求眼前的经济利益，某些手艺人的制作越发粗制滥造，最终砸了老祖宗的牌子。种种原因令传统手工艺产品正逐步丧失其原有的市场。对传统营销模式的思考迫在眉睫。

借鉴国内外先进的营销策略，我们可以利用时令节日、广告宣传等多方面途径，优化针对天津的传统手工艺类旅游产品的营销模式。

如加大对具有民俗特色的节庆活动的发展，以促进传统手工艺类旅游产品的销售；从购买环境和氛围上来看，具有浓郁地域特色的民俗节庆活动有利于游客进一步了解旅游地文化，促进旅游产品的销售。具有浓郁地方特色的民俗文化，如"旧时天津民间极为隆重的民俗活动——天津皇会"，若能在尊重传统的基础上做到与时俱进，利用更丰富的活动内容吸引包括国内外游客在内的更广泛人群参与，则借由皇会所推广的各种民俗民艺类旅游产品也必然更容易被游客认可。日本在利用传统节日开发相关旅游产品方面已收获颇丰。日本成田新胜寺的祭祀活动中，人们不仅参与其中，更能选购到带有祝福意味的各种旅游纪念商品。

针对传统手工艺类旅游产品，可以将传统的封闭式加工模式有计划地进行改革，实现开放或半开放式的加工与制作，使游客了解到制作工艺，增加兴趣点。开发可由游客亲自参与、体验主题，将手工艺展示、参观以及游客参与制作等部分作为旅游产品的隐性增值手段融入对旅游产品的开发过程。如有着百年历史的老字号——天津泥人张彩塑，可通过对工作室的部分开放实现游客的参与互动，提升人们对泥人张彩塑的理解。山西平遥的推光漆器，实行"前店后厂"的策略，游客购买各种漆盒时都会有专门人员帮忙讲解山西推光漆器的由来。并且感兴趣的游客可以直接去制作现场参观，使游客的购买过程也成为一次旅游体验。山西的推光漆器店铺为推广地方特色产品所做的尝试具有积极意义。但同时不得不提的是，山西各个漆器厂仍然以家庭小作坊形式居多，生产环境、卫生条件都比较差，令很多游客在参观漆器的制作过程时反而产生产品制作粗陋、工艺简单的负面感受。这种现象在中国的很多民俗工艺品制作中很普遍。那么，展示空间、展示流程的设计，哪些部分适合游客参观哪些需要保密，从而增加旅游产品制作的品质感与神秘度，需要进行系统的思考与开发。

3.3.3 加强传统手工艺品的品牌文化传播

传统手工艺品往往具有悠久历史，其传承文化从神话传说到名人典故，在历史、人文等各个层面都具有极其丰富的内容。围绕这些风格独特的传统文化，这些手工艺品往往已拥有十分成熟的品牌文化。但这些传统手工艺品因制作工艺复杂，传承人在手艺传承方面严格的业内规则以及大多较为落后的营销模式影响下，其品牌文化仍靠接触到手工艺品的受众口口相传的单一方式进行文化传播。具有更强大优势的网络平台、传统媒体平台对传统手工艺品的品牌文化传播在当前都仍有极大挖掘空间。同时，依靠现代设计创新，完善这些古老文化载体的品牌建设，实现文化的更高层次传承与保护。

如天津泥人张彩塑，山西推光漆器之类百年以上民俗民艺文化早已具有极其鲜明的文化品牌。围绕品牌的一系列历史、故事甚至传说，都是该品牌与众不同的宝贵特质。对历史悠久的传统手工艺品，抓住其品牌最大的特点，善用现代设计理念并适度融入时代要素，将能够实现老品牌的创新式维护。避免一味故步自封，原地踏步似地依靠口口相传或围绕传统工艺品的介绍、销售等过程的简单品牌推广。如图3-27、图3-28以天津快板为创意元素的一系列"快板文化的品牌推广"小产品，以较为现代的造型原则结合能够代表快板主要特色的造型特征共同构成了快板文化的品牌推广小产品。

图3-27 天津快板文化创意书签设计

图3-28 天津快板文化创意名片设计

3.3.4　对包装的再设计

　　发展自身品牌建设，首先需要提高产品的形象认知度以及表现出产品精致的手工艺特色。因此，对于产品包装的考虑就显得尤为重要了。

　　名扬世界的天津民间工艺三绝"风筝魏"、"泥人张"、"杨柳青年画"，其品牌知名度已很高。但伴随着历史洪流不断发展的仅仅是延续的古老技艺，民族工艺品的上乘品质体现和作为旅游产品具有的商业价值的发展却相对滞后。"魏记"风筝的质地采用高级真丝织物、上等毛竹为原料，全部工艺均为手工制作，具有很高的收藏价值；易于折叠的结构设计为产品的携带提供方便。"风筝魏"本身的经济价值显而易见。但目前产品简易的包装丝毫衬托不出产品的高品质，甚至使人感觉像廉价的"地摊货"，产品在购买者心中的价值大打折扣。产品本身的文化内涵、深厚的历史底蕴同样难以传达。再看泥人张彩塑的包装，虽然已经初步具有礼盒包装的感觉，但包装本身不具有任何象征意义。天津的泥人张与同样有较高认知度的"惠山泥人"在外表上毫无区别，都没有系统性的品牌形象设计。泥人张的包装礼盒中较为便宜的小泥娃娃与做工精细的泥塑品包装上无任何差异。产品的品牌认知度较差，包装蕴含内涵意义较少。

　　如图 3-29 所示，摄于天津古文化街旅游产品售卖点，其旅游产品地域特色较差，印有杨柳青年画的拨浪鼓虽具有一定本土特色，但仅以塑料袋包装甚至有的没有包装，令本就看起来品质不高的产品更加大打折扣。天津"风筝魏"与"泥人张"两大品牌民俗工艺品的售卖处，其旅游产品琳琅满目，老字号的手工技艺精良，门店内售卖的手工艺品凝聚着更多民俗文化的精髓。但包括这些高品质产品在内，所有商品被或挂或摆，随意陈列于店铺内，商品大多包装简陋甚至没有包装。这些老字号的精湛技艺缺少包括包装设计环节在内的品牌经营，其品质表现及带给游客的情感体验都严重缩水。

　　如图 3-30 是日本寺庙内的护身符包装设计。简洁素雅，做工精致。图 3-31 是日本京果子的包装。京果子做工精致，如同艺术品。适宜并具有格调的包装是用户直接体会到这种产品文化内涵的

图 3-29　天津古文化街旅游产品售卖点

第一步。华丽夸张或冷峻严肃，都和这种精致、细腻美丽的食物理念相悖。素而不冷，丰富的色彩却拒绝张扬，游客在看到里面的食物之前，首先会被独特美丽的包装打动，怀着幸福的心情展开一层层纸包后，看到更加令人惊喜的艺术品，游客借由包装的准确诠释和适度隐含，获得意料之外的喜悦。成功的包装设计是旅游产品，尤其是传统手工艺品打动用户的关键。

"包装——寄托着某种象征意义，任何象征意义都不同程度上反映出包装的附加值。"对具有深厚文化底蕴的旅游产品的包装设计，首先是包装需承载的文化内涵以及深厚的象征意义。在此基础上还要将其作为商品而存在的使商业价值最大化的诸因素考虑在内。台湾旅游产品的包装同样特色鲜明，其以实用及情境构建为目的的创新创意紧跟时代变化，对低碳意识、生活方式变迁、传统文化传承都能适时作出反应（图3-32～图3-34）。

如图3-35这款专门为天津三绝之一——"狗不理"包子设计的包装礼盒的创意理念原自传统的食盒及包子的笼屉，传统笼屉的形式使人通过已有的认知经验顺利理解礼盒中是什么产品并且通过"笼屉"这一充满怀旧意味的符号传达出丰富的象征意义，使人回想起儿时围坐在一起吃热气

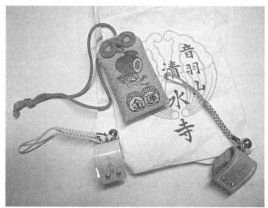

图3-30　日本小件旅游产品

图3-31　日本京果子包装

图3-32　台湾小食品包装

图3-33　台湾创意设计

图 3-34　台湾特色旅游产品及包装设计　　　　图 3-35　实践设计案例：天津"狗不理"品牌包装设计

腾腾的包子等温馨的场景，进而体会到津门老字号的悠久历史和随之传承的饮食文化。

在运用传统形态符号的基础上，包装的造型和图形则更多融入现代简洁的设计。这两种表现巧妙地组合在一起，给传统名牌食品以新颖的包装。简洁大方中透露出现代感和东方文化，大众化的包装中透露出高档和时尚。包装新颖别致，既传递了狗不理传统饮食文化，又符合现代人的审美需求。在实用功能上充分考虑到消费者使用的需要。从包装需承载的文化内涵以及象征意义和如何挖掘商品的最大化商业价值两方面都做了较充分的考虑（图 3-36）。

对于旅游产品包装的设计要更多地考虑文化运用，要以传统文化为根基，并以批评、继承、发展的新理念，再造新形象。包装对品牌文化的建设应是体现时代特点、赋予设计文化和地域风格、含有企业本质和产品特色、并能在瞬间引起消费者的共鸣。包装中既要有浓厚的民族文化气息，又要兼具强烈的时代感，时尚又不失怀旧意味。其中对传统图、纹、色的巧妙运用及文字共同表现出的神韵和意境等的思考将是完成民俗旅游产品包装的重要设计方法。

图 3-36　天津"狗不理"品牌产品包装设计分析

旅游产品需要彰显个性，忌讳仿效其他同类旅游产品，相似只会使游客产生认知的混乱和误导，也势必会降低旅游产品自身的价值和意义。从包装需承载的文化内涵以及象征意义和如何挖掘商品的最大化商业价值的多角度、多层面思考，使诸如天津民间工艺三绝之类的民俗旅游产品通过优秀的包装设计推进和完善自身的品牌建设，能够以此为契机发掘出更广阔的经济市场。

3.3.5 系列化设计思想的运用

根据旅游产品的类型、特性、功能、档次、消费对象的不同，进行合理组合，划分系列范围，统一风格趋向，将品牌建设逐渐深化。"泥人张"彩塑对于系列化设计思想的运用较为深入。主要体现在：将不同故事不同场景中的人、事、物进行塑造，包括以生活为主题的"遛鸟"、以文艺表演为主题的各种京剧人物；将同一主题按照不同类别、尺寸进行塑造，如戏剧主题，有按生旦净末丑分类绘制的系列脸谱；也有将各种青衣形象系列化的造型塑造；运用系列化的设计思想，泥人张彩塑开发出各种形态各异的生动形象，能够针对不同的消费对象依次满足不同层次的消费需求。旅游产品的价格从几元、几百元甚至上千元不等。然而，对于这一类已经具有较深厚文化底蕴，以体现传统手工艺技术为特征的旅游产品，其系列化思想的运用必须区别于创新型与创意时尚型旅游产品开发。对于后者而言，系列化设计思想可以通过概念，相关功能，相同形态要素，材质、色彩、装饰几方面展开，相应的文化元素通过各种形式被应用于对旅游产品的开发设计中，传统文化对其限制相对较少。而对于前者而言，深厚的文化底蕴以及历史发展已经在人们的认知经验中形成了较为固定的形态符号，变化稍大就容易给人造成是对传统文化理念进行篡改的印象进而使人产生强烈的抵触情绪。而一味的维持旧有模式又将面临市场占有率走低，适用人群不断减少的尴尬局面。因此，"泥人张"彩塑对于系列化设计思想的运用证明了对于传统手工艺类旅游产品开发而言，在维持传统手工技艺的基础上实现革新，最有效的途径是"系列化思想的运用"，即在保有传统技艺的前提下发展新的相关形态设计。

如图3-37、图3-38为泥人张传人，张锠先生的系列作品。其造型风格存在一定的

图3-37 泥人张传人张锠先生作品1

连贯性。三个作品的主体风格统一，对人物形态进行抽象化几何形提炼，以对称式几何色块方式处理色彩。人物的五官刻画方式统一。三款产品都将传统民族元素进行打散、重构，运用现代西方美学的构图与设计原则处理色彩与造型。体现了传统民俗文化的精髓，兼具时代先锋性与明确的设计风格。是对传统手工艺类旅游产品系列化开发的成功运用。

图 3-38　泥人张传人张锠先生作品 2

对于传统手工艺类旅游产品的开发，其系列化的创新思路体现在：

第一，通过借鉴不同类别的传统文化符号，在保留原有传统形态造型的基础上，实现向不同类别、尺寸大小的系列化横向延展；第二，通过对消费对象的分析，有步骤地适度将传统形态造型与现代设计风格相融合。其间注意保留传统手工技艺在新形态上的体现。实现系列化纵向延展；两个方向的系列化创新思路的核心思想是对传统手工技艺的把握（表 3-1）。

传统手工艺类旅游产品系列化分析　　　　表3-1

方向	侧重点	总结
横向延展	不同地区	不同地区、时间段文化领域文化符号需要考虑相似点与可结合度
	不同时间	
纵向延展	儿童的需求——卡通、可爱的	不同人群对传统文化符号改变的接受程度不同 传统形象的再设计空间也相对不同
	青年的需求——时尚、个性的	
	女性的需求——线条柔美、色彩丰富的	
	男性的需求——尊贵、有品位	

如泥人张彩塑，在保有传统模式中对人物生活状态刻画细致入微的制作特性上，挖掘出同样是国人熟知的国粹艺术作为系列化产品的横向延展，并没有在京剧人物形象上进行夸张革新，而是通过泥人张特有的传神表达手法将国粹艺术发扬光大。另一方向是如将中国传统习俗"婚礼"中经典的"掀盖头"动作等民俗文化方面进行系列化设计的纵向延展，将人物形象卡通化，保留了传统习俗中的喜庆、吉祥意味，又传达出一丝诙谐、可爱。令消费对象从艺术品收藏爱好者扩大到普通的旅游情侣或青年旅游人群。

4 文化创意理论之"达意·传神"

旅游产品设计的"达意"与"传神"

目前一些不成熟的旅游纪念产品只是将民俗文化符号的形式单摆浮搁,而忽略形式具有的深层意义与所要表达的隐性情感,对于旅游产品引起人的回忆,产生纪念、情感交互价值的目的就难以实现。当这些流于形式的民俗符号充斥我们的生活时,当神秘的东方文化仅是现代产物外衣时,它们无疑也会像加上计时器的流行时装周一样,在被看到熟透厌倦后淡出人们的视线。

如图 4-1,河北邯郸葫芦,形态表达上缺乏美感且时代感不足。对传统元素的运用过于生硬。图 4-2 福娃系列陶哨,形态处理过于呆板,福娃的表情木讷。形态处理流于形式,文化内涵未能表达出来。对陶哨吹奏出的乐曲音符的美妙感受也没有任何语意符号与之相呼应。

图 4-1　河北邯郸葫芦(左)
图 4-2　福娃系列陶哨(右)

4.1 设计之"达意"

能够"达意"的设计不仅需要形态极尽所取元素的表意特征,更使观者与用者能够由此作品感受到文化元素深层的意义甚至历史底蕴。

相对于福娃系列的陶哨,如图 4-3、图 4-4 水浒传人物摆件,其对水浒人物的刻画准确诠释了"达意"的设计表达。水浒人物的表意特征,黑衣武者的彪悍、粗犷,白衣武者的精干、灵活,分别从对人物的体、态、神角度给出了准确的概括。人物的"体",如粗眉、连腮胡、宽阔略显肥胖等特征,符合人们认知经验中对"彪形大汉"的描述。"态",具有动态表

图 4-3　宓风光泥塑作品：水浒系列——李逵　　图 4-4　宓风光泥塑作品：水浒系列——林冲

达之意。呆立原地的彪形大汉会传递给人憨厚、木讷之意。此案例中的黑衣武者斜肩顶胯，头微微侧倾，运用戏剧表达中的经典站姿，表达出武者彪悍但不野蛮，粗犷不失智慧的意义。"神"，是对人物神态的刻画。所谓画龙需点睛，设计的大休块关系建立后，形体的性格界定往往取决于对关键点的归纳、总结是否准确和精练。在这一系列的泥人设计中，对"体""态"的把握为整体，对"神"的控制则为点睛之处，也决定了最终泥人的风格定位。诙谐的、夸张的、严肃的、民俗语意明确的、时尚的等。设计之"达意"，乃是对旅游产品形态处理的高层次要求，是能够打动用户，准确传达出更多情感诉求的关键（图 4-5、图 4-6）。

图 4-5　宓风光泥塑作品：李白醉酒

艺术创作者的系列作品对形态之达意·传神刻画得入木三分。所谓达意则必然首先能准确传达根本意义。如同水浒人物李逵，如何艺术夸张，形态变化终不能失了其彪悍、憨实的根本。在此基础上运用合理、合情的叙事性设计方法，找到"关键孕育性顷刻"，最终完成其传神的刻画。设计的达意·传神，正是在实与虚，满与空，多于少间游走，通过逻辑、科学的思辨性实现这些重要"度"的考量。

本书指导实践方案"哏儿"天津餐具旅游产品系列设计，取自天津方言元素，'哏'字是属于天津的特有语气词，有"有趣、好玩儿"的意思，

图 4-6　宓风光泥塑作品：三百六十行系列——磨剪子

图4-7 "哏儿"天津餐具旅游产品系列设计

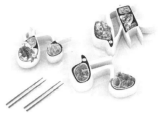

图4-8 "好吃嘛"天津餐具旅游产品系列设计

具有很强的地域特色。并且因为天津的曲艺文化发展蓬勃,"太哏了"这一口语表达往往与相声的幽默产生异曲同工之妙。该方案将'哏'的字形拆解,将餐具的各个功能与偏旁部首结合,对旅游产品的实用性考虑较好。但是仅仅从形式上把一种地域性口语元素搬过来,没有考虑深层的文化内涵,使用户在使用时很难与"哏"字本身带有"趣味、好玩儿和天津本土纯朴乡音"的意义相连,未能传达文化符号的意义,在情感上也就难以与受众产生共鸣。而旅游产品最本质的属性就是寄托旅游者丰富情感的载体,未能实现纪念目的的设计自然难以立足(图4-7)。

实践设计案例:"好吃嘛"天津餐具旅游产品系列设计取天津口语"好吃嘛""嘛好吃""吃嘛好"三个字的不同排序将天津人"爱好吃、善于吃、重视吃"以及由此引申的丰富饮食文化准确表达出来。通过对三个极具天津地方特色文字符号的再设计,同样取自天津地方俗语,相对于上一方案,"好吃嘛"餐具设计对天津民俗符号意义的把握明显要更准确。但是仅仅表达出民俗符号的意义却没有处理好形态符号,使整套产品看起来呆板、生硬难以与用户产生情感共鸣,同样使设计构思早亡(图4-8)。

日本瓷器设计独树一帜,是对设计"达意"的准确表达。其对餐具具有极高的要求。餐具有单客用,供夫妻或情人使用的场合的双客用,多者有五客以上乃至数十客使用的配套。他们往往根据一年中春、夏、秋、冬的四季变化,使用不同风格的瓷器制品,盛放适应不同季节的食物饭菜(图4-9)。日本瓷器理念"美食健壮人的体魄,美器则健全人的心灵"。这些民俗文化特征对日本瓷器制品设计提出严格的要求。每个细分后的需求都需要准确表达出自身的意义,否则就会被市场淘汰。被用于"茶道"的茶具设计风格淡雅、纯净。往往使人联想到和风、水中飘落的花朵这样一些安静的场景。这恰恰迎合了日本人对礼仪举止的要求——不喜欢针锋相对的言行与急躁的风格,善于控制自己的举动。准确的表达出茶道被用作训练集中精神,或者用于培养礼仪举止的原始意义。设计具有丰富的情感语义,用设计之"理"完美表达内涵意义。

因此，对旅游产品而言，要做到"达意"设计的关键在对意义的把握。

图 4-9　日本茶文化

4.2　设计之"传神"

"传神"是"达意"的递进，只有充分表达出产品的深层含义才能令观者产生文化共鸣，对产品表达的意义心领神会，产生联想。从而使旅游产品真正实现满足观者需求、用户对旅游过程的回忆、对旅游地文化的理解的目的。而这需要产品设计具有丰富的情感语义，要准确把握产品的情感基调。如英雄人物纪念馆的纪念品，整体的基调庄严、肃穆，则与之相应的形态元素符号也具有刚硬、坚强挺拔的特点。日本的押绘羽子板是日本百姓过年时常用的吉祥饰物，最初是一种宫中祈福仪式，时至今日，羽子板逐渐成为一件极具日本文化特色的装饰品与游戏玩具。押绘羽子板的设计融入传统歌舞伎的舞台形象，保留下羽子板作为祈福仪式的重要意义，这是对"达意"的成功把握。而歌舞伎的眼神，极具和式风格的动态，在羽子板准确传达出传统文化理念的同时，提升了"传神"的设计表达（图 4-10）。"达意"而后"传神"，是对民俗文化符号的完美诠释。

叶燮在《原诗》内篇中提到："曰理、曰事、曰情三语，大而乾坤以之定位，

图 4-10　日本押绘羽子板

日月以之运行，以至一草一木一飞一走，三者缺一，则不成物。……吾故曰：三者籍气而行者也。得是三者，而气鼓行于其间，絪缊磅礴，随其自然所至即为法，此天地万象之至文也。"从这段话看，"理"是客观事物运动的规律；"事"是客观事物运动的过程；"情"是客观事物运动的感情因素和"自得之趣"。对物的设计要从"事"着手，因为物存在于"事"之中。"理"、"情"与"事"的发生，存在着因果联系。

在旅游胜地购买旅游产品，当发生这件事时，购买者的购买行为会遵照一定的思维模式进行，如商品的质量如何、价格是否合理，是否是自己需要的等。这些符合人的目的、认知和思维的逻辑也就是事之理。其规律是我们进行产品开发设计首先要考虑的。而决定用户是否实现购买活动的还有用户的情感因素，也就是事之情。在情感性行为中，人的"目的性"在意识之外。他可能处于一时冲动或习以为常的状态，一种非理性的思维状态。由环境中的某物勾起回忆或产生共鸣于是突然决定购买；因个人喜好而购买；因商品的独一无二或商品打折促销产生购买冲动；这些非理性因素对用户购买纪念品产生潜在影响。对于情感因素的把握将是旅游产品能否打动人的关键。

日本卡通形象"起司猫"——可爱的形态、生动的表情令人忍俊不禁（图4-11）。设计能够勾起人们强烈的共鸣。其购买冲动指数也随着这些幼稚可爱的形象急剧升高。

图 4-11　日本卡通形象　起司猫

情感元素分析

与用户产生情感共鸣，产品本身需要具有能够引起回忆的情感元素。这种元素不一定是产品某种具体形态特征，而是由形态元素创造出作为情感诉求点的民俗文化深层内涵所表达的情境意义产生的。

比如日本的扇子设计，桧扇，绢制的扇面上散布着金银箔，色彩艳丽。描绘的图案花朵盛大，往往是三重、五重花骨朵，表现优雅与纤细。若彩绘人物，同样色彩浓丽奢华。这些符号元素传达出日本桧扇在古代宫中作为装饰品的地位意义，宫中贵族的高贵与奢华尽显其中。

茶席扇，作为茶席上专用的纸扇，茶席扇的扇面素雅平静。传达出茶道需要心静意远的情感需求。祝仪扇，在重大仪式上使用的扇子。扇面简单，没有花哨的图案，传达出庄重严肃的情感需求。有职扇，特殊的红骨扇。诡异神秘的红骨将有职扇作为阴阳师从事古老仪式的民俗文化意义准确诠释。因其特殊的用途，扇子具有的很强的神秘气息传达出诡异的情感语义。

造型简单的普通团扇，简洁欢快的图案传达出可爱、纯真的情感语意（图 4-12）。

对旅游产品而言，要做到"传神"设计的关键在于对情感语义的把握

要想准确挖掘出情感元素，需要对所要表达的民俗内涵有深入的理解。将民俗文化的某点作为情境构想的切入点，如为天津庙会设计的旅游产品，首先要了解庙会的文化内涵，天津皇会原称"娘娘会"或"天后圣会"，是旧时天津民间极为隆重的民俗活动。它最初仅为祭祀海神——天后娘娘而在其诞辰吉日（农历三月二十三日）所举行的庆典仪式。庙会内容丰富，热闹非凡，被很多学者称为"中国人自己的狂欢节"。通过对民俗文化的了解，我们最终将对情感元素的挖掘放到喜庆、热闹上。以此为切入点，若假设的情境是如图 4-13 一个身着红色传统服装的孩子手拿糖葫芦站在吹糖人摊子的边上用心观看，周围环境热闹非凡。则相应的民俗元素符号就可以被提炼出了。

图 4-12　日本团扇　　　　　　　　　图 4-13　假设情境

这些符号表达出庙会欢乐、喜庆、纯朴的情感语义。完成对民俗符号的提取，就可以通过提炼、再设计将新的民俗符号应用于旅游产品设计中。

4.3 "达意·传神"在设计中的应用

由设计领域的案例分析，明确"达意·传神"如何实现产品对用户的深层情感表达。

如图4-14~图4-16为日本特色人偶设计。人偶类旅游产品深刻的表情、姿态刻画，使每一个玩偶都能准确地传达出设计者所要表达的玩偶的性格与心情，紧紧的牵系着购买者的情感，是对"达意"、"传神"理念的准确应用。

图4-17是以中国传统故事《三个和尚挑水吃》为蓝本所做的旅游产品瓷摆件。其形象与中国早期水墨动画对人物的处理方式近似，人物的整体

图4-14 日本球形关节人形玩偶

图4-15 日本人偶 国王与王后 场景1

图4-16 日本人偶 国王与王后 场景2

图4-17 "三个和尚有水喝"定制人偶设计

形象幽默、线条柔和、细腻,体现了温婉、含蓄的中国美学思想。设计师能够将传统美学与现代设计理念巧妙融合,既突出刻画了卡通人物的性格又强调了三个人物与水桶共同构成故事的矛盾冲突。

如图4-18"多此一举"容器设计利用人在使用茶具倒水时必须再将茶壶转90°才能倒出水来。通过俏皮的形象传达出幽默语意,多这"一举"正是它耍得小手段。产品造型对"多此一举"的意义表达准确,对由此引申的产品"性格",也就是产品的神韵表现到位。

如图4-19极富动感的水壶,水壶形态体现出向前的跃动感,憨态可掬造型丰满。产品"容量大"的意义表现准确,而如同丰韵的鸟儿一般的动态感也将产品"可爱"的神韵表达出来。

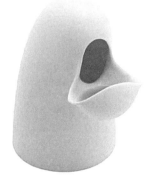

图4-18 "多此一举"容器设计

综上所述,对物的设计需要首先对物所在的事进行分析,而事的发生则必然伴随着理与情的发展。利用系统性思维方式处理"事系统",在不同的情景中,对于与物有关的"理"与"情"的描述直接影响物的存在形式。为周邓纪念馆设计的旅游产品,若从周总理为国操劳的伟人形象入手,由总理工作的情境展开设计,则"理"是设计元素被分析提炼的途径与方法。"情"则主导设计基调:严肃的、庄重的、沉静的等。这些形容词将是用户看到旅游产品瞬间的、最直接的感受。对旅游产品的设计开发首先需要"达意",通过设计之"理"实现产品要表达的意义。"梳情"设计要表达出总理与夫人间的高贵爱情,取自在两人感情路上最具代表性的海棠花与枫叶元素,使人通过这些符号马上产生联想,理解设计要表达的意义。而木梳的线条温婉流畅,利用两片枫叶相互依偎的造型暗示两人在情感上相互依靠(图4-20)。邓颖超一直作为周总理情感与事业上的后盾,正如其中一片枫叶将另一片轻轻托起,不会喧宾夺主又自然融合为一体。观者在领会设计所要

图4-19 极富动感的水壶

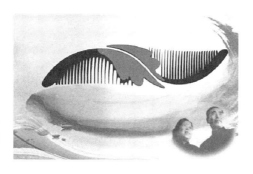

图4-20 实践设计案例：周邓纪念馆旅游产品 木梳设计

表达意义的同时传达了设计之精神，是对"情"的应用。

对"达意"、"传神"的把握，是产品向用户传达语意的有效途径。如去英国侦探故事中夏洛克·福尔摩斯的家里找寻名侦探的影子，针对这一旅游地设计一款烟斗，如果按书里描写的样子原封不动的制作，则当用户将产品带离旅游地时，由烟斗传达的语意因为脱离特定的存在语境而被其他以"烟斗"为语意载体的语境所弱化。如马克思衔着烟斗聚精会神的样子同样具有代表性，具有类似性的烟斗形态将不再是某个旅游地的特色产物，游客在回忆旅游过程或是将旅游产品转送他人时的深层情感需求将难以得到满足。产品设计做到"达意"、"传神"，是产品主动引导用户思考、提升用户的兴趣点的重要保证。日本富士山，被诗人安积艮斋誉为："万古天风吹不断，青空一朵玉芙蓉"，是日本的象征，日本人奉它为"圣岳"、"不二山"，山上的空气也被赋予"无污染、含氧量最浓的，富士山特有空气"的语意，将空气用铁皮罐子密封包装起来销售。空气本身是无形的，这种无形的产品却准确地把握住游客游玩时呼吸到富士山空气时的美好心理感受，传达了富士山之美"意"以及手捧空气罐子时情不自禁的对旅游时点点滴滴的回忆之"神"，是对"达意""传神"的准确表达。

5 文化创意理论之"隐·秀"

中国古典美学之"隐秀"与现代设计理论结合

旅游产品的"达意、传神"在很大一部分上需要借鉴我们泱泱大国的哲学美学观。刘勰所讲"隐秀"是对设计中"美"这一个最难把控的,却又绝对重要的元素的近似"方法论"的探讨。

5.1 "隐"之设计理论内涵分析

首先,刘勰说"情在词外曰隐",又说"夫隐之为体,义生文外"是指审美意象所蕴含的思想情感内容不直接用文辞说出来,不表现为逻辑判断的形式。"隐者,不可明见也"——这是"隐"的第一层涵义。

钟嵘在《诗品》中说:"言在耳目之内,情寄八荒之表。"唐代司空图说:"不着一字,尽得风流。"都指出审美意象所蕴含的思想感情内容不直接用文辞说出来,不表现为逻辑判断的形式。旅游产品作为产品的特性所表达出的功能性,是不以实现其基本物理功能为主体的。如图 5-1 作为筷子的最基本使用功能不是构成"购买"这一目的的主要原因。"情在词外曰隐",正是"情"这一重要因素左右着旅游产品存在的意义与价值。然而,能够"隐而不说",不着一字,尽得风流,又是对"情"表达的高级阶段。只有抓住"情",实现受众与产品本身的共鸣,才能打动受众,使其不仅愿意购买旅游产品,更通过对产品的钟爱而主动去了解它和它的文化,从而实现对文化的理解最终到对这一地区的认识与爱戴。

当国产有机大米与日本大米正面交锋时,从米的本质而言,二者都很优秀。但中国北京产有机大米却不能被称作"旅游产品",充其量是"旅游特色食品"。两款产品对比之下,对"情"的把握立刻显现。一款是单纯的"产品",而另一款则是承载了不同"情感"的纪念品。一款是如果购买就只有被吃掉,能被留下的也只是对其口感的描述。而另一款产品却不怎么舍得让人下口,握起这些精巧的小东西,此情此景历历在目。再回首,日本某地的大米变成"丰收、爱情、长大成人的喜悦",吃进口,米香会被"情"变浓,"意"

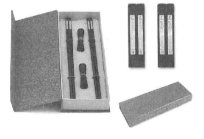

图 5-1 冬青木烙花筷

也就深深扎根于心了。这样于无形中,日本大米的品质被提升,日本的文化又一次以鲜活的形象冲击了我们的心灵。追根溯源,两款产品的区别不在于包装的繁、简,情感表达才是关键。"隐"的意义正在于此。

日本京都丹后产的名为"初音"的大米,轻飘飘的口感柔和的粘性,就像京都的女性气质,这种女性气质又好比祇园伴奏的初音,并以此命名。产品的整体风格亦充分体现了这一特质,素雅不失厚重。设计的旨意"情在词外曰隐""隐者,不可明见也",表达精准。

中国目前的旅游产品市场,呈现出"传统工艺"孤高冷傲,少有人问津;而普通游客能接受的中低价位的小工艺礼品则缺少创新,尤其是缺少对"情"的把握,造成游客对旅游产品或买不起或不想买的尴尬。无论旅游产品的产业化还是有政府的扶持,缺少创新、缺少情感注入的旅游产品既不能准确代表当地的旅游特色,更不能激起游客想要购买的欲望,产品设计创新的缺失,将使后续的各种投入都失去意义。"民族的才是世界的",中国的民族特色要如何表达,旅游产品要如何承载这些"厚重"的文化,值得思考。

如图5-2 国产品牌"三只松鼠"是由安徽三只松鼠电子商务有限公司于2012年强力推出的第一个互联网森林食品品牌,代表着天然、新鲜以及非过度加工。"三只松鼠"采用网络销售这一新模式,在上线65天内,其销售在淘宝天猫坚果行业跃居第一名,花茶行业跃居前十名。其在包装设计、产品附加功能设计、营销策略以及品牌经营上都走在中国同类品牌之前。包装设计注重原创形象管理,通过"三只松鼠"品牌形象推广的与所购买食品相关的健康饮食卡、健康笔记本等主题明确、造型可爱的附加性产品也使"三只松鼠"产品具有更强竞争力。其营销模式采用网络推广,对市场灵敏度高,能够根据用户需求极快作出积极反馈。包括包装设计、标识

图5-2 国产品牌"三只松鼠"休闲食品

设计、周边产品设计等一系列完整的品牌创意理念下,"三只松鼠"体现了信息时代文化创意型新兴企业经营模式的勃勃生机与强大的市场竞争力。"三只松鼠"品牌的成功经营,为文化创意理念如何应用于实际旅游产品开发,如何找到适应中国市场的地域性方法开辟了新的思路。

文学作品中的"情在词外"是通过富有形象感的"文"、"词"来表达的,而不是逻辑关系的描述。设计作品表达产品蕴含的丰富情感同样需要通过"形"、"色"表现。一方面,情在词外,义生文外,思想情感的强烈倾向性,不必直接用"文"或"词"说出来。另一方面,舍弃"文词"又不能表达"情意"。这个矛盾,就是通过"秀",也就是通过"文词"组成生动可感的形象来解决。对于产品而言,表达"高贵的"情感,我们难以找到直接具有逻辑关系的形态符号,但是恰当的、一组具有高贵的情感倾向性的"形态符号群",通过逻辑关系重组,将能够准确诠释被隐含的"情与意"。

"隐"的第二层含义是"审美意象的多意性"。刘勰说:"隐也者,文外之重旨也。""隐以复意为工"指出审美意象的多意性。审美意象蕴含的情意不是单一的,而是复杂的、丰富的。刘禹锡说:"片言可以明百意,坐驰可以役万景,工于诗者能之。"明代金圣叹说:"不会用笔者一笔只做一笔用,会用笔者一笔做百十来笔用。"设计的多意性在今天已有清晰的现代设计理论阐释。但是中国古典美学思想中,"隐"所指代的"多意性"则同时兼具"秀"的意义,强调"隐处即秀处"。能做到"会用笔者一笔做百十来笔用"则将使产品用最简洁的符号表达最深刻与丰富的意义。产品具有的隐含多意性,借由丰富却简洁的形态符号群表达,设计将兼具"简洁"与"丰富的内涵"这两层表面上看互为矛盾的意义。

5.2 "秀"之设计理论内涵分析

刘勰在《文心雕龙·隐秀》中提到"情在词外曰隐,状溢目前曰秀","秀"是指审美意象的鲜明生动、直接可感的性质。清代的冯班说:"秀者章中破出之词,意象生动者也。"秀乃是对审美意象的一种规定。审美意象应该鲜明生动,可以直接感受。

"秀"是指"审美意象的鲜明生动、直接可感的性质。""秀"是对旅游产品要具有的"美"的范畴的基本规定:"状溢目前"的感受——生动性、可感性。

正如前文所讲,"秀"是指"审美意象的鲜明生动、直接可感的性质。""秀"是对旅游产品要具有的"美"的范畴的基本规定。但是"秀"却不等

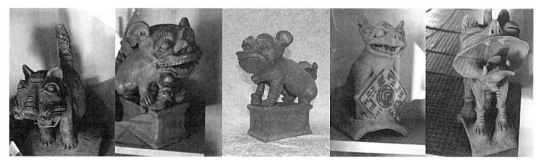

图 5-3　云南瓦猫

同于"美"。中国某些具有原生态特征的工艺品，如云南的瓦猫，古朴、怪异的造型，甚至略显粗陋。不存在"刻意雕琢"的痕迹，大而化之的线条，与当前对美的普遍定义大相径庭。然而，没有人怀疑它的"美"，它的灵动与华彩，甚至感受到它是传神的活物。这种包含了生命力的美，正是古典美学所强调的"状溢目前"之"秀"。

追根溯源，云南瓦猫其实是当地人置于屋脊正中处的瓦制饰物，因其形象颇似家猫而得名，其原义是能食鬼的老虎。它的作用是避邪纳福、镇宅之用。今天，瓦猫仍广泛流传于云南昆明、呈贡、玉溪、曲靖、楚雄、大理、文山等地，成为一种独特的民俗。但因地区不同，瓦猫的形象亦大有区别：呈贡瓦猫像天真的孩子；玉溪瓦猫像留须的巫师；鹤庆瓦猫造型极度夸张；曲靖瓦猫将八卦夹在前腿……它所具有的"状溢目前"的生命力是一种对美的概括，一种情感的宣泄。如乐曲梁祝，外国人在听梁祝的时候同样落泪。当问他是如何理解这首曲子的时候，这位外国人的回答真实有力："我不知道这个故事讲的是什么，但是却让我感到伤心，非常伤心。这是一个伤感的故事。"乐曲的设计超出单纯视觉美的界限，使人感受到情感的碰撞，是具有"秀"之生动性与可感性的绝妙作品。

5.3　"隐"与"秀"的辩证关系

"秀"和"隐"一是说设计作品需要具有生动的形象，一是说设计作品不直接说出来的多重的情与意。"秀"与"隐"从根本上讲，是一种对立而又统一的关系。"隐处即秀处"，不直接说出来的多重的情与意需要通过生动具体的形象表达出来。

刘勰对"隐"、"秀"所做的概念界定：或有晦塞为深，虽奥非隐，雕削取巧，虽美非秀矣。

"雕削"是指孤立的雕琢词句，引申到设计中，则是"形而上的设计"

为了形式而形式。孤立的处理形态。这个形态没有与任何其他要素发生关系，一种纯属直觉的形态处理。"秀"则是指鲜明、生动的设计形象。堆积了很多华丽的辞藻，并不等于就有了"壮溢目前"的艺术形象。所以说，"雕琢取巧，虽然具有形式美，但不等同于生动鲜活的设计形象。"而对于"秀"的表达，同样不等于"雕琢"。例如晚清的家具，从某些角度讲，过于繁复的雕琢，虽然体现了工匠的精湛技艺但其设计美学的表达和明朝家具的典雅、简约相比却为下品。王国维在《人间词话》中有：明月照积雪、大江流日夜、中天悬明月、长河落日圆，这些词句具有"秀"的鲜活、生动，但却未加雕琢。一种大而化之的气势，能够使人抓住"整体"。设计中，鞠躬尽力倾心于"雕琢"的，其成型的各个细节未能做到"服务于整体"，孤立存在于使用环境中，产品本身也未能和"事系统"的各个要素产生关联，在叙事性情境中，成为跳出画面的不和谐组成。仅以"雕琢"为目的的设计，必然不能体现"产品本身"的灵动与鲜活。因此，对"秀"的把握，是对设计整体思路以及服务于整体的细节内容的表达。能够称为具有"秀"特质的产品，是对设计主旨鲜活、全面的概括。

售卖富士山的空气，这绝对是一个一本万利的生意。然而，日本的旅游产业却真的将其做起来，创造了巨大的经济利益。游客被富士山的壮阔美景震撼之余，会毫不吝惜的为这摸不着看不到的一瓶空气掏腰包。因为他们想要带走对"富士山的情"，感慨于她的清澈、壮丽与生命力。"空气"本身不能雕琢，而这款旅游产品的设计亦未将过多笔墨停留在装空气的瓶子上，因为主体是空气，所以不能用其他过分的花哨装扮喧宾夺主，更因为这种空气要具有富士山的气质，所以瓶子也要清澈和富有生命力的。在最后，稍加点缀上富士山以及日本的标识性特征，从用户对于旅游产品的客观需求着手，完成对这件旅游产品的设计。整个过程体现了"秀"而非"雕琢"，而产品投放后的成功也再次证明了对"情意"的把握，这个"度"的重要性。

"晦塞"和"隐"的界限。"隐"一方面是设计表达的"情与意"，不等同于绝对的逻辑关系。例如，合乎"人之情"的产品却不一定顺应"事之理"。所谓"人机键盘"曾经在理论上被认为是比现有标准键盘更加符合人的使用尺度、更加省力的"合理性"设计。合乎"事之理"却最终未能在市场上普及，则因为它不能满足"人之情"。人的情感，由人的认知习惯、生活方式、文化背景等因素产生的差异性情感需求，在特定情况下，将决定产品的存在方式。对产品"情与意"的把握，必须要结合事系统进行分析。旅游产品因其对情感的特殊属性，设计之"隐"则必须要拿捏的恰到好处。另一方面，设计所要表达的"情与意"不是单一的或者极少是单一的，而是复杂且丰富的。仍然以"富士山空气瓶"为例,"隐"与"秀"的协调体现在恰当的"修饰元素"中。富士山空气瓶和心灵瓶子等旅游产品注重"情感需求",为了表达"对富士山的情与意"以及"富士山对受众的情与意"还有作为游客而特有的消费心理,其"恰当的修饰元素"则需要做到"简省的符号传达丰富的情感语意",从各个使用阶段勾起人的不同联想,从而满足其上至少三个层面的"情与意"。晦涩的语意往往与繁复的雕琢或者过分的夸张造型有直接关系。

作为旅游产品,与用户的情感交流至关重要。而让人看不懂的设计就会使"人与物"的交流变困难。多层次的情感需求如何去满足则更加的无从谈起了。旅游产品作为一类特殊的产品,在具有产品的一般特性基础上,又夹杂着关于文化艺术、传统工艺价值的体现以及重要的情感需求的满足等多个层面要素的考虑。因此,中国古典美学原则中,"隐、秀"特质的表现就显得尤为重要了。

5.4 "隐"之设计理论对旅游产品的影响与应用

所谓"情在词外曰隐"、"状溢目前曰秀","隐"与"秀"这对范畴犹如事件的首尾、硬币的两面,相互依存,共同作用于设计。"隐者,不可明见也"。相对于设计,隐的魅力在于对设计蕴含的内涵意义的含蓄表达,"情在词外""义生文外"不是直白的吐露,婉转的笔触引导用户去思考、理解设计的理念。流水别墅摒弃包豪斯时代的平铺直叙,也没有用过多装饰性线条表达更繁复的形态,而是将形体的自然张力融解于环境,如同海中明月,璀璨夺目却不跳跃。强大的生命活力体现在四季的色彩和材质的变换中,天人合一的境界表达到位。流水别墅对于"隐与秀"的共同作用效果表达明确。一方面,流水别墅具有的自然生命力,拒绝了平铺直叙的表达,没有用绿色树叶或者树桩、假石的造型告诉人们我要表现的是自然。而自然的气息与蓬勃的生命张力无疑是这一知名建筑最杰出的特色。通过形以外的情与意,传达出设计者的思想;另一方面,完全的舍弃形象同样无以表达"情""意"。因此,只有隐与秀的协调统一、共同作用才会产生能够引起用户情感共鸣的优秀设计。

"隐"的第二重涵义是"多意性"。旅游产品面对社会,承载着传承当地的旅游文化、实现经济价值的重任;面对用户,承载着用户对旅游地的情感寄托,对旅游产品的审美价值、实用功能、情感互动等方面的需求,旅游产品的多重身份注定了其多义性的存在。如何将这种面对不同层面存在的多义性最大限度地表达，并且有主次，有重点，对"隐"的多义性理解与应用尤为重要。

设计之"隐"在于气韵的把握。设计之"秀"在于细节的处理。如图5-4这一对中国娃娃的设计"隐秀"范畴掌握的恰到好处，多一份则乱，少一分则风格不明，隐晦难懂。衣着的大色块处理，隐去了唐装排扣处细节刻画却将唐装的洒脱准确掌握。隐去对面部的丰富处理，额前一点，头顶一簇，如同文学大家犀利的笔锋，寥寥数笔勾勒出中国儿童在喜庆节日的盛装打扮。最后，用一条垂至地面的中国结为整个形体设计做总结，中国结的竖长形丰富了娃娃在纵向设计上过于空旷的不足，大块面的红色悬浮于同样调子的红色褂子之上，若隐若现，既打破了褂子胸前的空虚，也不会因为细节过多而喧宾夺主，抢了裤腰上传统花纹处的精彩。整体设计始终是"隐与秀"的交替，"隐处即秀处"，大俗亦大雅。惊鸿一瞥之下，细细品味又回味无穷。

图5-4　中国风娃娃

反之，缺少对"隐·秀"概念的认识，就会陷入"或是晦塞为深，虽奥非隐，雕削取巧，虽美非秀"的深渊。如上海城隍庙小商品市场的一款"八仙报喜"木雕，整体设计极尽复杂雕工于一身，每一个局部都有丰富的细节和内容，八大仙人淹没于一片人头攒动之中，难分彼此，更确切地说，也许是因为这难以接受的繁复，我们已经没有耐心再去细看了。好像蚂蚁爬满全身，没有艺术的享受，只有精神极度紧张后造成的麻痹和过度雕削造成的视觉符号膨胀而产生的反感。此类产品在目前国内的旅游产品市场比比皆是，并且被定义为高档商品而价格不菲。对人心理造成的不适感并不影响它巧华雕工创造出的商业价值，甚至是收藏价值。所谓存在就有其合理性，这种适应中国阶段性国情的产物无论出于何种原因，对于设计和美学表达，都是绝对的反例。设计的责任正是为了将民族手工艺与艺术创造双方的价值最大化，而非此消彼长的做法。看我国鼎盛时期的绘画艺术中对八仙报喜的描绘，虚实结合的意境处理，隐秀相间的节奏把控，才真正传达出了"八仙报喜"的文化内涵与蕴含其中的"情与意"。

如图5-5云南少数民族特色浓郁的凤凰城地区的首饰设计，朴实不失精彩，厚重不失灵巧。图5-6～图5-9少数民族善用色彩，小小的绣片上如彩云蒸腾、霓虹闪耀。这些彩色丝线看起来虽有一定之规，但在不同手艺人手中却有着截然不同的性格。热烈奔放的、羞赧的、小家碧玉般娟秀的、成熟素雅的，一个个绣片仿佛一位位个性鲜明的云南女子，生动、鲜活，

图 5-5　云南首饰

图 5-6　云南手工绣片　　　　　　　　　图 5-7　手工绣片

图 5-8　云南旅游产品商店

富有生命。因为设计者也是制作者在绣片中融入了自己的情意,绣片表达之"象"乃是云南女子宇宙观的表达。象之气韵,来自她们对生活的热爱,对云南自然环境的热爱。情在词外之隐与状溢目前之秀,被她们用淳朴的线条准确勾勒出,她们毫无杂质的情意乃是最宝贵的创作源泉。

图 5-9　云南银饰工艺

"隐以复意以为工"指出"审美意象具有多义性"。换言之,审美意象蕴含的情感不是单一的,而是复杂的、丰富的。"我爱听相声",可能是源自自幼生活环境熏陶,也可能被相声的幽默桥段打动甚至是相声演员讥讽现实的口吻为自己打开一扇宣泄的大门。我们对某物的喜爱,可能来自于多种因素的影响。因此,不要用设计封住人们想象的大门。"状溢目前之秀",不等同于过分雕琢。设计为受众做的过多,其结果就是封住了人们想象的大门,进而减少了用户与旅游产品发生情感共鸣的机会。

一块石头,来自海南的著名景点"天涯海角",身处异地的情侣看它,是相思、甜蜜的美;久别重逢,拿起它,又成为亲切的美;成功男士把玩它,是沉稳的美;情感丰富的妙龄少女,把它放在盛满天涯海角海水的玻璃瓶子中,同情着其他相隔千里的情侣们不能相会,产生的同情的美……一块石头,经过设计再造,具有了千万种语言,设计的恰到好处,我们将能够协助受众完成他的想象。"隐、秀"相偕,则必然"气韵生动"。

日本常滑小城建在一个个小山坡上,"陶瓷器散步道"就在这些山坡之间穿梭。几乎全日本的街道和工厂都带着"常滑"的标记,因为常滑制造的烧酒瓶、土管和电缆管都是必不可少的工业用料。不过现在常滑的陶瓷烧制已从工业生产转为工艺创作。在散步道沿路可以看见许许多多个性小店,出售自家创作的陶瓷艺术品。这些作品既有传统和式的温婉,也有个性的现代风格。

陶瓷作品最为丰富的当然是常滑陶瓷器会馆,如图 5-10 独立设计师将自己的作品放到这里寄卖。会馆里还有形形色

图 5-10　日本常滑小城独立设计师作品

色的招财猫,有的举左手,有的举右手,有的举着双手,分别代表不同的美好寓意。设计之"隐秀"表达准确。招财猫憨态可掬又寓意深刻,对常滑小城的所谓"招财猫品牌文化"做出了准确的诠释。

5.5 "秀"之设计理论对旅游产品的影响与应用

设计并不是单纯的艺术——对美的掌控取决于各个艺术家的主观意识,并且这种主观意识往往大于客观事实。设计需要的是方法,设计需要能够将"美与艺术"融合进产品之中,使产品具有优越的市场竞争优势的思维方式与方法。尤其对旅游产品而言,其特殊的使用人群与开发目的,更加决定了系统步骤的分析,将可以抓住"秀"的本质,充分表达出旅游产品的"生动性与可感性"。将能够与受众产生"强烈情感共鸣"的设计之美有步骤地融入产品的开发之中。

对于旅游产品的设计同样如此。对旅游地某个著名景观、人物、事件的再现,也是旅游产品开发的一个方向,并且逐渐成为一个重要的开发方式。在中国此类型旅游产品不在少数。然而,由于设计要素缺失,导致很多模仿现实类开发思路的产品走入一个只用"工艺精细度"来评价产品价值的误区。地摊货与高品质产品的区别就是手工艺技能或者加工成本的高低。而旅游产品的形式创新度几乎为零。单纯的"形似"则必然不具备"生动气韵",也不能打动人。反观日本、韩国等一些旅游产品开发较成熟的国家,一款零钱袋、一个相扑娃娃、手机链,利用机械化生产降低产品的成本从而提升这些廉价的摊边产品的品质与精致度。并且,都能体现当地的文化与地域特征,或雅致或可爱或动态感强。每个产品都能勾起游客对当地文化的神往,甚至是本地人对自己文化的自豪感或者具体场景的回忆,是兼具"生动性与可感性"气质的优秀设计作品。毫无疑问,"设计"是解决"加工成本"与旅游产品精致度之间难以调和矛盾的重要手段。而设计的"生动性"表达则是旅游产品对形态处理原则"秀"的重要表现手段(图5-11)。

图5-11 日韩小件旅游产品

5.6 旅游产品的生动性特质

如何表达生动性呢？我们从旅游产品的生动性在"音、型"两个方面的表现加以概括。

音——去某地旅游，最著名的是那个声音。可声音怎么带回去呢？对于这样的问题，人们最直接的想法是把声音录制下来。比如某演唱会或表演的现场录音光碟、某旅游景区的视频光碟，某知名艺术大师的作品集等，用这种方式将一些精彩、有代表性的声音带走。但是这样真的是将旅游时"经历的声音"完整地带走吗？看天津的乐亭大鼓，重要的是在此时、此地，作为游客的受众感受到的此情和此景。仅仅将艺术家的作品复制，带着这样"形似"的旅游产品回家，在失去了"此时、此地"特定的"境"时，我们又能回忆到多少"此情、此景"呢？经常听到有人抱怨，"回家再一听就不是那个感觉了"。花高价钱买的旅游产品貌似和网络上下载的并不存在太大的差别。旅游产品自身的收藏价值被无形中大大降低。再有同类型的体验，游客是否还会有冲动购买呢？

相反，我们自己用DV记录下的旅游中视频或音频文件却是百看不厌。深层次的原因其实有两个，首先是作为旅游产品而存在的某个视频，属于受众自我制作，具有产品的独一性，甚至录制者的某个失误都成为这种旅游产品的独一性的标志；其次，受众有了自我制作旅游产品的宝贵体验。如我们一直强调的，旅游产品不同于普通产品的地方就在于其一定要使用户产生"情感共鸣"，实现用户与旅游产品自身的交互性体验。由于这两点因素，同样是"复制"，游客自制DV却具有了旅游产品的"生动气韵"。作为旅游产品的价值也得以体现。"声音"这一物有了生命，不在旅游地的"境"发生"听声音"这一"事件"的时候，具有独一性的自制DV中的某个录制失误、录制者或者亲友热情的解说词，都成为重新构建"游玩地事件"的重要要素。当时的"境"被重新建立，作为旅游纪念的"声音"被完全带回来了。

分析这一过程的时候，我们抓住了对声音这类非物质要素如何实现与受众情感交流的一些重要因素。"境"的建立，构成"事件"的要素；用户体验以及旅游产品的独一性；这四方面内容不仅局限于对非物质类要素的约束力，同时也是所有类别旅游产品的开发中实现与用户的情感交流的关键。

型——相对于声音、气味等一些摸不着、看不见的旅游产品而言，造型要素是剩下的百分之九十多的旅游产品具有决定性的构成之一，并且，非物质类旅游产品产品其包装、承载造型的优劣也直接影响着产品的生存。旅游产品要想表达生动性，形态处理得当是重中之重（图5-12～图5-14）。

形态一般可以解释为物体的形状、姿态。但形态作为艺术创造的载体，是指带有人类感情和审美情趣的形体，是指各类具体的艺术形态，如建筑形态、产品形态、手工形态、舞蹈形态、绘画雕塑形态等。旅游产品从属于产品与手工艺术两个分支，旅游产品的形态设计要凸显"生动性"，在形态处理上必须把握住"传神、达意"的表达。这也正是对形态概念的最准确概括——带有人类情感和审美情趣的形体。我们所讲的设计之"隐·秀"，其核心是如何将设计者的世界观、审美意境更好地传达给受众，使受众产生强烈的情感共鸣，也就是实现产品的"达意·传神"的方法与途径。模仿一个形态容易，将形态隐含的"情与意"准确表达甚至升华，却很难。

如图5-15这是一款模仿福建土楼造型的旅游产品，从形体上看，与真正的土楼在比例与细节处理上几乎无异。但是，土楼存在的前因后果，历史渊源，四世同堂甚至五世同堂的聚族观念等这些土楼独特的文化因素所承载的"情与意"在这款冷冰冰的模型中却丝毫没有体现。福建土楼所在的闽西南山区，是福佬与客家民系的交汇处。旧时土楼所处地因为地势险峻，人烟稀少，野兽出没频繁，盗匪四起。"聚族而居"既是根深蒂固的中原儒

图5-12 福建漳州徐竹初木偶—吕岳（左）
图5-13 福建漳州徐竹初木偶—张飞（右）

图5-14 泥人彩塑（左）
图5-15 福建土楼（右）

家传统观念要求，在这样特殊的人文、自然环境中，更是聚集力量、共御外敌的现实需要。因此，才出现了福建土楼。它依山就势，布局合理，吸收了中国传统建筑规划的"风水"理念，适应聚族而居的生活和防御的要求，巧妙地利用了山间狭小的平地和当地的生土、木材、鹅卵石等建筑材料，是一种自成体系，具有节约、坚固、防御性强特点，又极富美感的生土高层建筑类型。史料记载，一次震级测定为七级的地震使永定环极楼墙体震裂20厘米，然而它却能自行复合。这些独一无二的山区民居建筑，将源远流长的生土夯筑技术推向极致。福建土楼的造型奇特，这种奇特造型的成因才是旅游产品能抓住设计精髓的关键。在这独特的外观下，蕴含的中国福建地区少数民族的智慧和克服困难的勇气以及对传统道德观念的坚持，才是福建土楼之美的真正源泉。因此，只有把握住这些隐含要素，我们才有可能从形态设计中表达出福建土楼的浓厚"情意"。这款土楼游览地的旅游产品才能打动人，摒弃单纯的形似，获得形神兼备的形态设计之美。

日本富士山作为日本的象征之一，在全球享有盛誉。富士名称源于虾夷语，现意为"永生"，原发音来自日本少数民族阿伊努族的语言，意思是"火之山"或"火神"。山体呈优美的圆锥形，闻名于世，是日本的神圣象征。富士山被日本人民誉为"圣岳"，是日本民族引以为傲的象征（图5-16）。

通过对富士山的这些分析，我们可以提炼出最能体现日本国民对富士山情感的修饰性词汇：神圣的、令人骄傲的、永生的、崇拜且敬畏的等。怀着这样的心情，日本国民又是如何利用富士山的旅游资源，开发相应的旅游产品的呢？

如图5-17～图5-20作为旅游产品，几款不同类型的工艺品或商品，运用到的富士山元素，无一例外的将富士山的形象置于整体构图的最上端，表达出日本国民对富士山的崇敬和其在人们心中的神圣地位不可侵犯。富士山的形式处理，在这些跨越物品种类、跨越时间、跨越艺术风格的图案设计中，竟然都运用到了虚实结合，以有限之象表达无限之象的手法。标志性白色雪

图 5-16　日本富士山

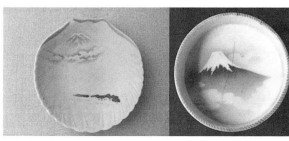

图 5-17　日本富士山瓷碟　　　　　图 5-18　富士山图案折扇

图 5-19　浮世绘风格的富士山明信片（左）

图 5-20　富士山图案男用物品长衬衫（右）

山顶与环绕山体的浮云构成了由实体向虚实结合之"境"的过渡，传达出富士山空灵、圣洁的唯美景象。在不同领域中对富士山图形元素的运用，呈现惊人的相似。这种相似正是起源于日本国民对富士山深厚的情感。作为"圣岳"，国民骄傲而存在的她，俯视所有崇敬于她的臣民，她的臣民们一心一意地维护着心目中的"火神与圣地"。只有"知其根，溯其源"才能"表其象"。这里，象不是表象，而是代表了该物的存在意义，该物的本体与生命。准确抓住形态元素的本质才能将其本体的全部和生命的活力动感完美呈现。日本民众对富士山的热爱与深刻的认识，成就了一个又一个成功的设计案例。

　　日本的旅游产品设计开发是成功的，他们各个门类的旅游商品在造型处理上，不但展现了浓郁的日本地域文化特征，更将丰富的语意内涵表现淋漓，产品的话语性极强。并且造型优美，形态处理有张有弛，舒缓得当。中国的旅游资源丰富，旅游产品的开发本该是佼佼者，而事实却正相反。反思过后，我们只有紧紧抓住旅游产品所要表达的形与意的本质，才能最终实现形态的生动性创作。

6　文化创意理论之"境"

6.1　提升设计内涵之"境"

境——象外之象

"境"的概念最早出现于王昌龄的《诗格》。"处身于境,视境于心。莹然掌中,然后用思,了然境象,故得形似。""放安神思,心偶照境,率然而生。""搜求于象,心入于境,神会于物,因心而得。"等。在《诗格》中,王昌龄将"境"分为"物境""情境""意境"三类。在这里,三境的划分主要针对于诗歌绘画等艺术行为。但关于美学的思考同样通用于设计中对所要设计的主体物"美"的表达。"物境"指对客观存在物的境界描述,"情境"是指人生经历的境界,"意境"指内心意识的境界。

结合现代设计理念中的某些思想,我们说对某物的设计必须要考虑由人、物以及时间、空间、行为、意义等一系列要素构成的整个事系统,不能成为孤立的存在。如同设计一把椅子,单纯的变换椅子的外部形态而没有考虑椅子的使用环境,使用前和使用后的状态变化以及用户的心理感受等因素影响,则只能完成形而上的设计。这种设计的结果是缺少内涵、难以触动人的情感神经,进而生命周期也非常短。很快被其他同类产品淘汰并且因肤浅的形态变化而令受众感到厌恶。物存在于一个相互作用、相互影响的"事系统"中,而因"物"内涵深度与广度的不同,物所构成的影响人的"境"也就有程度上的区别。

6.2　设计中"物境"的表达

"物境"考虑到使用前与使用中的灯具存在不同状态。未发挥其基本照明功能时,灯具作为装饰物与环境发生关系,构建出素雅、科技风格的"境"。作为灯具进行照明时,"光与影"作为物存在的新的状态与环境再次发生关系,构建出冷静、神秘的"境"。但两种不同的"物境"

图 6-1　系列灯具设计

图6-2　手机挂坠设计

都围绕着灯具展开。物与人的关系是间接的，相对于"情境"与"意境"的表达，"物境"更着意于对"物"所在的环境的表达。

韩国的手机挂件因为做工精美、价钱便宜，一直是时尚类旅游产品设计中的典范。而优秀的设计却是韩国出品手机挂件"独一性"表现的最根本原因。如图6-2，这款人物剪影形式的挂件，当其贴放在手机背面时，阴影造成的光影效果就好像手机后面多了一个人形的凹痕，嵌在手机中的人竟然还能抓住立体的悬空挂绳，制造出一种交错的视觉形象，非常吸引人。这一个巧妙的设计，首先满足人们"求变"的心理，随意垂落的手机链竟然变成了独特的手机立体贴花，好像神奇的"换彩壳"。另外，不时变换着拉绳动作的小人形，如同正在拉动立体的蓝色彩绳的真人一样。这种设计造成的空间错觉满足了人们"探求原因"的好奇心。这款手机挂件的成功设计，单纯靠所谓的灵感，拍拍脑袋，是不可能达到如此精确的对人心理需求的满足的。成功的设计结果必然有系统的设计思维的引导和设计师进入相应的"境"之中所获得的"情感、合理性、巧妙性"等具有决定性的创新思维的结合。此款韩国手机挂件设计，是对"物境"中"物"如何发挥作用与环境发生碰撞的优秀设计案例。

6.3　设计中"情境"的表达

"情境"的建立需要设计者与用户通过设计物这一中间渠道实现情感的共鸣。具体来讲，被设计的物类似一个信息的传输通道，设计者想要表达一种情感、态度，运用相应的设计符号完成了对物的设计。而设计者传达的所有信息在经过传输通道时，由于不同的文化背景、社会经历、行为习惯等因素的影响而最终损失了部分信息后将剩余信息传递给了用户。用户看到最终产品并去理解设计者意图，不是通过产品身上的标识或文字，而是产品带有的各种设计符号。利用符号具有的意义，用户根据自身经历与认知经验对产品具有的意义展开联想，并最终完成由设计者向用户传达意义的过程。作为用户对作品形象由感性直觉上升到判断理解的中介，联想在符号信息认知过程中是一个关键性、枢纽性的心理形式。产生联想的基础是事物之间的相关性及其连带关系。联想是对事物固有的内在联系或外在联系的反映，当事物与事物之间，或者事物若干的特性之间，这种必然联系被人们熟知、记忆后,形成了相关联的记忆、经验,如鸡蛋的外壳一打就碎,经过反复加深记忆,人们形成了"鸡蛋外壳很薄、脆弱"的认知经验,这种经验又同当前刺激物感知,发生了联系,"鸡蛋和一块石头马上触碰在一起的瞬间",于是多种多样的联想发生了。

美味的牛奶倾倒时飞溅出碗边,浓稠的感觉勾起人的食欲(图6-3)。

一个著名的喜力啤酒广告策划是喜力啤酒好喝得让人等不及拿瓶起子。经常用牙齿开启瓶子的结果就是丢了重要的门牙。喜力啤酒和牛奶碗的设计都充分利用了人们联想的力量。谁都有着急喝酒却找不到瓶起子、把牛奶倒在杯子里时不小心飞溅出去的经历,这种经历勾起了人们看到这两款设计时对原有体验的回忆。设计者的意图被用户准确地接收,信息在传输过程中的损失极小。可见,巧妙利用人的认知经验,构建相应的语义情境,对用户理解我们的设计至关重要。

已有的认知经验对人造成影响,与人们常规认知发生关系的刺激物就会引起人们产生很多和常规认知相关、被加入新的刺激物的多种联想。合理、巧妙的利用人们熟知的符号引导人们的联想,建立相应的"情境",我们将会完成更多优秀的设计。

图6-4趣味盆栽,情境定义为"让人长出头发"。通过用户的悉心照料与浇灌,用户可以与产品共同完成"生发"这一假定情境。用户对于日常生活中头发的成长与被浇灌的花朵,在"需要被呵护、照料"上找到认知共同点。参与植物培养的过程是用户与产品共同建立的"情境",通过用户对头发需要被呵护照顾的认知习惯,加强其培养盆栽植物的责任感,通过这种方式加深用户的情感寄托,最终完成深层情感交互。

图6-5的水草球,用户只需注入自来水就能保证植物的正常生长。水草、卵石与清澈的水,共同构成"水下世界"的境。人对于纯净、清明具有本能渴望,

图6-3 创意餐具设计

图6-4 趣味盆栽

图6-5 水草球

由人与水下世界之境,共同构成"渴望纯洁、陪伴生命安静成长"的语意联想。该产品通过相关要素更容易使用户与之建立类似情感的共鸣与交互,从而提升产品带来的深层情感意味,带给用户更多美好体验。

利用人们已有认知经验中对跳跃的符号记忆,结合半透明的冷调子"灯光与玻璃",使人们掉入设计师精心设计的梦幻陷阱中。动感、活力、调皮、情调……一个个看似游客、路人随口而来的评价却和建筑的既定风格惊人的吻合!设计师准确运用了事物固有的内在联系或外在联系的反应,不稳定与扭曲,将人们熟知的关联性记忆、经验与建筑物的大形体进行结合,巧妙构思后完成了对用户联想方向的引导(图6-6)。完成设计者与用户之间顺利的信息传递,被设计的"物"为"情境"建立完成重要的一步。

如图6-7该方案呼唤人们对捕杀鲨鱼行为的痛斥。一个看似普通的信封,在我们每次撕开封口时却看到血淋淋的鲨鱼鳍已经被我们亲手割掉。这种心灵的震撼是非常强烈的。一个非常小的产品却传达出人类对过度捕捞鲨鱼、猎杀鲨鱼这个事件的愤怒。并且通过用户去体验切割鲨鱼鳍的过程,实现了产品与用户的强烈情感共鸣,使用户不得不正视这一事件的恶劣与恐怖。最终达到劝导人们爱护动物的目的。

在前文中我们知道,完成一个"事件"的"行为与信息"要素至关重要。用户的行为目的仅仅是看到信件,由此产生的行动意图变为打开信封。于是产生了后面用刀子割开封口处,然后取出信件的一系列动作,并且会不断感觉切割信封封口这一动作传达的信息,如是否里面的信件被割到了?会是谁的来信?评估解释打开信封后的动作意义,如信件完好的被取出了,还是根本没有信在里面等。设计者正是对这一行为过程有着无比清晰的认

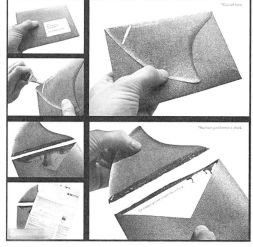

图6-6 迪拜的跳舞塔(左)
图6-7 鲨鱼鳍信封设计(右)

识，才能利用人们的行为习惯准确地实现"切割鲨鱼鳍"的一个动态使用情境建立。可见，巧妙的"情境"建立，需要对相关的产品存在的"事系统"有一个完整、精确的分析。

如图6-8该方案暗示爱情的路上也需要机缘与巧合。生活中，大家对路灯再熟悉不过。红绿灯上指示行走、等待的人形图标甚至是全球通用的指示性符号。而这款表达爱情的交通信号灯却通过再设计指示行走、停止的人形图标完成了"追逐爱情，对这两个人能否相遇的好奇"等很多故事的"情境"构建。对交通信号灯的使用变得有趣甚至感动。受认知经验影响，利用设计隐喻手法，人们看到红色信号灯和撑伞的女性会想到：停止、拒绝、等待、危险、伤感、爱情；而绿色的男士行进信号灯则会有：通行、勇敢追求爱情、充满生机的等语意倾向性。

图6-8 "向左走，向右走"爱情交通信号灯设计

图6-9 布鲁塞尔情人节交通信号灯

结合信号灯传统形式的上下排布和有规律的闪灯节奏，设计者实现了一个能够引导用户思考的"动态情境"的建立。说它能够引起人们的思考是因为设计本身并没有给用户明确的答案，仅仅有一个关于爱情的暗示。答案要用户通过自己的认知经验总结得出，并且这个感性的问题也会随着自然环境、用户心情的变化而变化。雪天的浪漫、蒙蒙细雨的煽情、狂风中的瑟瑟悲戚，不同的环境中人们感受到不同的故事；失恋人看到的是两个永远靠的很近却遇不到的无缘人，热恋中的人看到在一片霓虹中等待伴侣走来的幸福女孩；通过设计引导人，是设计所追求的制高点。

说它是一个"动态的情境"是因为用户在使用的全过程中，信号灯与用户和环境共同构成的"事系统"并不是静止不变的。正如前文提到的，时间与空间要素在变，经历事件的人也在变，并且由于红绿灯的指示功能其存在状态同样发生着变化。这些构成事系统的关键要素的状态又直接影响着最终成型的"故事情境"是怎样的基调。因此，"情境"的建立取决于"事系统"中各要素的状态及如何作用于整体"事"。而"动态情境"则需要考虑各个要素是否会产生变化以及会产生怎样的变化,把握这一根本将能够抓住这条设计主线,完成想要的"动态情境"并且引导用户理解设计者的设计意图和所要传达的信息。

比利时的布鲁塞尔是一座海边的浪漫城市,情人节那天,街上的交通信号灯就会变成心形。信号灯在特殊的时间——情人节这一天;特定的空间——浪漫的海边城市,融入特定的人群,可能是来自其他地区的游客,那么作为事件发生中的主体要素"人",他们经历过的事件就具有了特定的"情境"。在这个情境中,产品不再是单纯使用功能的表达,更具有了对爱情的美好向往,浪漫的、甚至是整个小镇成了浪漫之都的代名词等一系列升格后的内涵意义。这种内涵意义将使游客获得更多情感体验,这种体验又间接促成了游客对该旅游过程满意度的提升。所以,对于物的设计,如何构建"情境",将是设计打动人的关键。

6.4 设计中"物境"与"情境"的对比

至此,我们总结了设计表达中"物境"与"情境"是如何加深产品内涵的。那我们回过头看一下,设计中的"物境"与"情境"究竟是如何界定的呢?或者说我们如何确定这款设计体现有"境"之内涵呢?

刘禹锡对"境"做了明确的规定:境生于象外。

对于"象外"在美学领域的应用,是在南朝的谢赫《古画品录》中:若拘以体物,则未见精粹;若取之象外,方厌膏腴,可谓微妙也。"境生于象外"是说不是某种有限的"象",而是突破有限形象而存在的某种无限之"象",是虚实结合的"象"。至此,对"境"在设计领域的应用、理解可以总结为:"境"是超越承载"境"而存在的"物",并且具有更加抽象、深刻含义的新的"物"。这种"物"包含有原来"物"的所有物理形态,也包含有原始物产生的新的内涵意义所拓展出新的部分。因此,"境"的实质是"虚实结合的象"。这一概念与现代设计理念产品语意学研究中关于产品内涵意义的解释存在相似之处。如罗兰·巴特定义的内涵符号学概念如表6-1:

产品内涵符号学　　　　　　　　　　　表6-1

	符号	
(内涵层面)	能指(形式)	所指(意义)
(外延层面)	能指(形式)	所指(意义)
	符号	

产品形式产生的意义与形式本身被重新界定为新的符号存在。产品语意学同样考虑到了产品的实在形象与由它产生的引申意义,虚实结合,形成新的符号形式。然而,我国古典美学中的"境——象外之象"绝不等同于西方现代设计理念中的产品语意学中的符号内涵意义。中国美学之"境"所界定的范围更广,对情的诉求更加强烈,集中国古典哲学观与宇宙观于其中,对虚实的认识更加深入,不同于产品语意学理论集中于对产品的形式与功能之间关系的挖掘。

所谓突破有限形象的某种无限的"象",乃"象外之象""如蓝田日暖,良玉生烟,可望而不可置于眉睫之前"。"境"与"象"的区别在于"象"是某种孤立的、有限的物象,而"境"则是大自然或人生的整幅图景。"境"不仅包括"象",而且包括"象"外的虚空。因此可以说"境"有更加强烈的系统性、整体性。存在于"境"中的时间、空间、人、物、行为、信息,都是"境"的内涵得以表达的关键。对于设计而言,这种思想是颠覆性的。以往以被设计的"物"为中心,拓展物存在的意义,挖掘物带给人的情感冲击,由物引发怎样的联想等,最大的特点是所有问题的出发点来自对"物"的分析。设计一把椅子,那么就会围绕椅子展开一系列问题思考。它怎么让人坐着舒服、它的造型要给人怎样的心理感受等。而在"境"的领域中,物不再是孤立的、有限的存在。与物相关的所有要素都成为影响最终设计成形的关键。

清代山西王家大院,在一望无际的磅礴建筑群中,有一处不起眼的幽静别院,待字闺中的王家小姐只有走廊上方一寸天空的自由。富足的生活、显赫的地位,都没能带给她多一点幸福。孤单、空洞成为生活主题。每天端坐于正厅的椅子之上成为王家小姐必须要做的事情。在此情此景之下,此"境"油然而生。它是沉默、凄冷、无力的,然而苍白中的一抹嫣红又注定它是绝美的。"境"中的各个要素都为其传达出全部的情感倾尽全力。在"境"中的椅子,将跟随"境"的变化而变化,所谓"虚实结合"不再是对单体"物"——一把椅子而展开,属于王家小姐的时间与空间中的"境",才是展现"虚实变化"的"象外之象"。椅子设计的精彩之处在于对"境"的表达恰到好处。

在"境"的概念中,境生于象外,是象外之象。决定了"境"将是突破有限形象而存在的某种无限之"象"。这种无限之象是虚实结合的,由构成"境"的诸要素共同作用的。因此"境"的特质可归纳为:虚实结合;存在动态变化;具有系统性与整体性;各个构成要素共同作用。

"情境"的建立,其核心是更加符合"人之情",也就是"情境"的建

图 6-10　飞蛾扑火灯具设计　　图 6-11　柏林街头的戴帽子人形指示图标红绿灯　　图 6-12　丹麦欧登赛市的安徒生主题路灯

立将能唤起用户更多的情感与之共鸣。构成"事系统"的各个要素都要在建立"情境"的过程中发挥作用，设计者通过分析完整的用户使用产品过程，得到相应的用户行为过程七个步骤的数据，进而确定在过程中表现出来的"事系统"中各个要素的关系。了解这些关系后，我们才能结合相应的系统性设计思维方法去确立最终"物"的存在形式来完成"特定情境"下的"事系统"。

如图 6-10 此方案"情境"的生动表达：飞蛾造型源自澳大利亚濒危灭绝的蝴蝶品种，本来"追求光明"对人类而言有"顽强生存"的意义，但是对于飞蛾而言却意味着毁灭。这种反差使走过这团灯光的人和飞蛾以及灯光三者之间发生联系，构成一个系统，具有了"境"发生的条件。

"物境"首先围绕着由物构成的系统展开，以协调"物"与构成物的系统中各个元素的关系为重点，而对于跳出"物"自身系统之外的要素则发生间接的关系且低于"情境"以"事系统"为出发点的关系层。

区别于比利时布鲁塞尔的爱情红绿灯，这款来自柏林街头的戴帽子人形指示图标红绿灯，"物"没有与时间、空间要素发生关系，人只是作为使用红绿灯的用户而存在，间接作用于红绿灯构成的"物系统"，"境"的虚实表达都来自红绿灯设计本身，对"物境"的表达较为准确明了（图 6-11）。

来自童话大师安徒生的故乡，丹麦的欧登赛市的路灯，如图 6-12 将安徒生的剪影图像设计成红绿灯的指示图标。与"物系统"发生间接关系的是安徒生的故乡这一"空间"要素。所构成的"物境"若想上升为"情境"表达，则需要融入"人、时间、人的行为与信息以及物"要素的设计升华。

6.5　设计中"意境"的表达

"意境"的建立，其核心在于"环境要素的把控"，意义在环境中能够被准确传达，进而使用户理解设计者所要传达的意思。在王昌龄的《诗格》

中对"意境"的界定是"亦张之于意而思之于心，则得其真矣。"

如图6-13,这款灯具的设计模拟出"海上日出"的唯美画面，物被巧妙地融入环境之中，设计者的意图也能够被用户很好的理解。设计所要表达的"意境"通过对人们记忆中"海上日出"场景的刻画，准确地传达出看到此款灯具时，人的内心意识境界。诗情画意或是豪言壮语，往昔一幕幕与这海上日出相关的场景都出现在眼前。"意境"的刻画，需要准确把握设计目的，着眼于环境整体。经过反复推敲，才能最终将环境中各个要素巧妙衔接、融合在一起。

图6-13 "海上日出"灯具设计

光和影、鱼儿和水，彼此依靠不能分离。光的耀眼来自于影的黑暗，鱼的灵动，得益于水的清澈。如图6-14这款以光与影、鱼和水为元素设计的灯具，将光、影的强烈对比、水的虚空、鱼的灵动，完美呈现。在

图6-14 "光与影"灯具设计

水中游动的鱼，也是透过光的影，对"境"的把握入木三分，虚实运用得当。因为有了无尽黑暗所表达的"水",才有了游动中充满生命活力的"鱼",这正是对"无限之象"的诠释。犹如明月洒向黑夜中平静的湖面，光的实在形态映衬出湖面无限广阔、鱼儿游动的无拘无束，还有看客观赏所得"象外之象""景外之景"的突破有限形象而存在的无限之"象"。光、影、人、鱼构成的"境"是大自然或人生的整幅图景。"境"不是一草一木一花一果，而是元气流动的造化自然。在此"意境"中，人的内心意识达到空前的清晰与活跃。

提升设计内涵之"境"是设计能够打动人的关键。旅游产品的设计开发其最根本的核心就是对人们在旅游地的所观、所感能够有一个清晰的认识，并且能敏锐地捕捉到能够打动人的线索。以此为切入点才能步步为营，使后面的设计分析有的放矢。关于如何对旅游产品展开分析，确定一整套完整的设计思路，我们将会在下一节内容中着重探讨。而对"境"的内涵意义的把握，则是理解系统性设计思维中如何构建叙事性情境设计步骤的重中之重。

7 旅游产品的用户体验

7.1 用户体验："独一性"需求

旅游产品作为商品被销售后，实现批量化生产就是其利润最大化的保证。可是任何一个用户又都"希望自己买到的商品是独一无二的"。如同出席重大活动的女性都很忌讳"撞衫"，美国流行女歌手 Lady Gaga 疯狂的着衣风格却引来无数人的追捧，独树一帜似乎更能体现个人独到的品位。这种需求与现实之间的矛盾，在旅游产品的设计开发中同样存在。人们往往把旅游时自制的 DV 反复给邻居讲解、播放，每一个录制中的小失误或出色的抓拍都是讲解的重点，却很容易把在旅游地购买的制作精良甚至毫无瑕疵的旅游地特色光盘随手丢到抽屉里。这种强烈的反差也是源自人们对商品"独一性"的要求。批量化出产的东西总会让人在碰巧看到与之相同或类似的产品时被主人厌恶，用户带给朋友旅游产品时也会补上一句，"就是个小玩意儿，没什么珍藏的价值"。这样悲惨的命运左右着一大部分旅游产品，并且这种传统仍在继续。

对于运用现代设计理念结合了传统文化元素的创新型旅游产品类以及结合近现代文化元素的创意时尚型旅游产品类而言，批量化生产与产品独一性特质间的矛盾必须解决。解决的途径清晰明了——设计。合理的设计将能极大发挥旅游产品所具有的文化内涵，将其内在的气质调动出来，形成独一性品牌文化。将"这件产品必须是独一无二的，才能具有价值"转移为"我以拥有它并成为它的忠实用户而自豪"。恰当的设计将能发挥出旅游产品从无到有的过程中所蕴含的创造独一性契机的力量，更多的用户参与、更多的产品与用户的互动，将能建立起更加牢固的用户体验情感。这种情感的牵绊将成为用户认可产品独一性、支持产品的保证。

在 2012 年东京举办的世界旅游产品展览会上，日本出品，款式众多的日本民族风情宠物服，虽然价格不菲但仍受到不少参观者青睐。此案例中，宠物服本身是批量化生产的，但其独一性却体现在至少两个方面。首先，运用日本民族风情的和服、浴衣的造型、纹样进行设计，则将人们对意识中日本和服的高品位、高制作标准的品牌力量转嫁到对宠物服的关注中，潜移默化地增加了产品自身的独一性价值。第二点，则是设计本身巧妙地利用了用户对宠物的情感。为自己"独一无二"的宠物狗买一套适合它气

图 7-1 日本民族风情宠物服（左）
图 7-2 中国沿海地区的旅游产品陈列图（右）

质的衣服，在如此心理驱动下，具有独特日式风格的宠物服因为宠物在主人心中的"独一性特质"也具有了相同的属性。正是因为对用户"独一性"心理需求的满足，此款产品才能一家独得众人喝彩。

如图 7-2，这是来自中国沿海地区的旅游产品陈列图，各色贝壳的珍贵程度并不亚于甚至远远高于日本宠物服。而这种完全没有设计感的赤裸裸的陈列，不但将贝壳的特性统统抹杀，更使用户难以具有独一性体验，其商业价值将被大大降低。通过为每个贝壳量身定制具有独特情境展示的包装；赋予每个贝壳相应的意义、故事，甚至是神话传说；为其印制条形码，标注出产地；放入用户攒写心情的卡片……通过恰当的设计手段去挖掘用户的独一性心理需求，将能使这些贝壳重燃光辉，创造出无比惊人的价值。

7.2 用户体验："可感性"需求

旅游产品的可感性，我们将其理解为旅游产品的"可被感知性"也就是能够与该产品产生强烈的"情感共鸣"。言及此，如何被感知，如何使用户体验成功成为重要问题。

人作为认识的主体，首先在于人是社会实践的主体。

只有通过实践，人才能认识自我，确立自己的主体地位。生命哲学家狄尔泰认为"体验是一种存在方式、一种生存方式，通过体验的方式去认识和把握本质。"情感是人们对外部世界的意识表现，是人们对外部刺激做出的肯定或者否定的心理反映。而这种心理反映的发生是基于内部心理活动变化，这个变化的过程就是体验的过程。因此情感体验过程是基于心理结构作用的基础上产生的对外部客观刺激的心理反映过程。

对于旅游产品的开发而言，旅游产品的可感性直接关联的受众仅可划分为：中国本土人士以及外国游客。这两个不同的受众人群因其各自的社会、文化背景，也将产生具有强烈地域性特征的"认知、情感倾向以及行为习惯"。

只有准确把握这些要素，才能真正做到对旅游产品的可感。

中国本土旅游者和外国游客，我们可将其划分为东西方的性格特质差异；本土旅游者南北方人群性格差异；男性与女性群体的性格差异；不同年龄段的性格差异；这种横向与纵向上的细致划分，将最终影响甚至决定旅游产品的开发设计方向。

东西方文化、性格差异，李大钊曾总结过，西方人勇猛好斗，冲动激情善辩，而中国人内省保守，谨慎顺从善思。西方人的性格，以美国人为例是由五大要素构成的：外向性，愉悦性，公正性，情绪性，创造性。而中国传统学派儒家强调人和社会的整体性，突出遵循秩序和礼节，以礼和仁为中心，追求伦理道德和严密的秩序。经过儒家文化熏染出来的人，圆润，温和，谦和如玉，强调"己所不欲，勿施于人"，注重面子与尊严，韧性与包容性强。西方人渴望自由与民主，东方人渴望仁义。总体来说，西方人注重自由个性，公平效率，东方人注重心灵的修行，讲究社会整体性。在旅游产品的个性选择上，西方人倾向购买一些彰显自我个性与独特需要的旅游产品；而中国用户对旅游产品的气韵和文化分量较为看重。

南北方人群性格差异：对于国内南北方人群来说，南方人群普遍清柔细腻、精细聪明，喜爱清雅的环境，感知力丰富；北方人群普遍热情豪爽、刚烈率直，热爱热闹。

从性别角度分析，男性普遍独立、粗心、充满魄力，不愿与人分享痛苦与不幸，较少示弱；女性大多细心内敛、依赖心理较强，无法忍受情感独立，很需要情感的释放。男性需要信任，倾向用行动表现；女性渴望关怀，在乎言语与内心感受。

从年龄角度分析，对儿童来说，一切都是未知的，活泼好动，好奇心重，自主性较弱，通常在购买旅游产品上要经过父母的允许；青年处于叛逆期，渴望张扬自我，追求动感，强调个性，比较激进，容易冲动，对产品的实用功能无较高要求；中年人较为求稳，重视实用，追求质感；老年人的包容性较强，渴望去伪存真，追求和谐与归属感。

抓住了不同人的性格特征，不同的"游客"在买旅游产品之前，之时以及之后是"怎么想的"，再去剖析旅游产品如何被感知，如何具有打动人的特质，将能真正做到对旅游产品设计开发的有的放矢！

用户购买旅游产品这一过程，从心理学角度讲，包括动机形成阶段和具体行动阶段。受众的具体行动包括五个理性阶段：建立意图、制定计划、具体实施、感知反馈、认知评价、选择新意图。

以受众对旅游产品的购买行为为例，一位游客首先建立了一个意图，我想要购买一些有当地特色的旅游产品，为此次旅行留下些印迹，以后可以通过它回顾一下这段经历；接着受众开始计划购买，着手留意有哪些纪念品出售；有一个纪念品色彩鲜艳、地域特色明显，受众决定购买；买完以后，受众和同行的游客展示自己买的礼品，发现有其他人用更低的价钱买到了一样的产品；感到自己买贵了，但总体来说自己很喜欢这个产品；看来下次要买到更物有所值的产品。这就是一个完整的受众行动过程流程。

对行动的期待由三种信念确定：行动是否能被完成、是否能达到要求的成功标准、可能出现的正面和负面效果。同样以对旅游产品的购买为例，受众的意图是购买一个旅游产品回去馈赠亲友。受众在购买之前可能会想到，我是否能买到一个旅游产品，这个产品是否能够充分代表景区特色以及表达我的祝福之情，我可能会买到一个合心意又价钱合理的旅游产品，也可能买到一个档次低劣的产品，从而不能体面地向亲友表达自己的心意。

了解了用户的整个购买过程的行动期待，将能够较为理性的在旅游产品设计开发之初，把握一些至关重要的影响因素。当确定购买动机是"留念"，则在购买后要防止或减少用户出现"感知反馈"不良的后果。当确定购买动机为"馈赠亲友"时，则购买时受众的心理需求最为重要。使用户产生情感共鸣的必要条件，是能够顺利的使其完成整个购买过程。

7.3 用户心理结构模型

所谓受众的心理结构模式，是和受众本身的"认知、情感、行为习惯"息息相关。如我们反复强调的，旅游产品的设计需要深刻了解用户的心理需求，而决定这些错综、微妙的需求的，正是用户本身的"认知、情感倾向以及行为习惯"三大要素。而决定三要素的，又有宏观的社会环境和微观的群体环境为背景。作为社会人而存在的受众，从众心理以及整体的社会发展、文化环境与历史传承、政策倾向对其产生决定性作用。

7.3.1 影响受众心理结构模型——"认知"

在这里的"认知"是指由于受众的文化历史背景、生活环境、性格个体差异以及受教育程度等因素的不同使受众产生不同的"认知过程"并由此产生不同"心理需求"的结果。在北京毛主席纪念馆瞻仰伟人遗容，曾经经过战争洗礼的老革命战士因为有过类似或相关的情感及生活经历，见到伟人遗容所产生的情感触动，必然不同于成长在新时代下青年学子的认知过程。前者会因对过去战争年代的追思而热泪盈眶，情不能自已；后者多了一份对战争年代英雄伟人的憧憬与崇拜，少了一些对真实战争残酷性的恐惧。进而经常产生诸如"你们根本不了解我们那个时代！"之类的对白。年代的鸿沟产生的根本原因是我们在不同时间、空间的界定下拥有不同的"认知"体验。而这种由客观事实既定的"隔阂"的确因时空要素的不可逆性而"必然存在"。举例而言就像是后辈对前辈的相对"理解"，即便二者的沟通与交流很顺畅，但其仍然是建立在自我认知经验的基础之上。子女对于父母的勤俭持家、不喜欢在外面吃饭等习惯的理解，仍是建立在自我生活习惯的平台之上，因为没有切实体会父母一辈特定时间段的生活经历，所以不可能像父母的心态一样理解"勤俭持家"的概念。或者说因为时间与空间要素的不同，两代人对"勤俭持家"的理解必然不同。回到对旅游产品的分析上，影响受众对某事某物"认识"的时间、空间要素，同样具有不可逆性。旧时"经久耐用、舒适便宜"的回力鞋因为极大地满足了当时人们朴实价值观之下的时代需求而大行其道。今天，回力旋风又刮回来，其原因却是"复古、潮流"。当时间与空间发生变化，人们的认识必然也随之发生变化，并且这种变化是不可逆的。迷你裙的热潮一次次往复于世界时装T型台，取而代之的是迷你裙"形"和"意"的不断进化、发展。将旧有的东西原封不动的摆在世人面前，人们可以去学习、分析它，却不可能再如前人一般的理解它。千年前的"长信宫灯"作为文物有太多精彩需要后人挖掘。但若原封不动的拷贝它，拿做商品去卖，则其以"照明"为目的的使用功能比不上电灯，以"体现婢女谦卑"为目的的情感表达也难以找到需要的场所了。而作为旅游产品，我们却可以找到"长信宫灯"带来的厚重历史韵味、昏黄的灯光、精致的民族手工艺，都是旅游产品需要具有的特质。

1）受众的认知方式

受众的认知方式主要包括使用、外形观察、触摸、询问等。

东西方的思维模式不同导致了东西方认知方式的不同

东方人喜欢形象思维，习惯定性分析。在思维方式上，中国"天地万物本吾一体"的整体化价值观导出的是宏观、混沌、模糊的思维，任何概念的内涵都是多维的，许多不同的诠释都可以包容一个概念，而一个概念也可以引申出不同含义的规定。就如老子对"道"的界定"道之为物，惟恍惟惚。惚兮恍兮，其中有象;恍兮惚兮，其中有物。窈兮冥兮，其中有精，其精甚真，其中有信"。这样便出现内涵的不确定性、解释的随意性、形式的迷离性，思考注重宏观整体，缺乏一种严密的逻辑思维。由于这种思维方式，中国的传统文化具有很强的包容和同化能力。

西方人喜欢逻辑思维、习惯定量分析。文艺复兴后，自笛卡儿、康德到黑格尔，都强调理性思考。工业革命后，追求"所以然"的科学精神和严谨的逻辑思维促使西方技术飞速发展，理性思维是西方的主流。

东西方文化在思维方式上的不同，直接导致了设计师设计出发点的差异，通过产品传达的符号意义也不同。全世界的原始人类对待食物的方法最初都是茹毛饮血式的，但随着历史演进出的文化差异：西方人的秩序与逻辑使得取用食物的器具分化成了分工明确的刀和叉，东方人的灵活与较宏观的思维使之演变成适应性强的形式：筷子。

男性和女性的认知方式是不一样的

男性概括力强、女性细致，善于勘探，寻觅隐秘之处的奥秘。男人论事，女人谈人。男人谈话的主题是事情，很具体，要用名词和动词；女人感兴趣的是情感的话题，消耗了许多的形容词和副词。

1974年，麦克比和杰克林出版了一本著名的心理学著作《性别差异心理学》，他们整理了数以百计的心理特征的性别差异，最后把这些差异归结为四个方面：女性的语言能力优于男性，男性的数学能力优于女性，男性的空间知觉上优于女性以及男性比女性有更高的侵犯倾向。

用户的认知风格

用户的性格决定了用户的认知风格。用户的认知风格大体来说包括以下两种类型：一、不太考虑后果，先操作、后反悔型；二、考虑负面性较多，一直找不出负面效果才行动，比较谨慎型。

2）受众的认知能力

能力是完成一件事情的心理因素。设计要考虑用户的能力，尽量降低操作和认知难度，满足不同类型用户的能力需求。

不同年龄的人认知能力不同。如为儿童设计的旅游产品要符合儿童的认知能力。

对于外地游客，尤其是外国游客，旅游产品要尽量减少晦涩度，方便用户理解。据说有一个外国教授把别人送给他的中国书画倒挂在自己家中。实际上世界大多数人不懂得欣赏中国传统书法绘画。同样中国人看到外国文字，比如阿拉伯文字，国人也无法知道怎么欣赏。设计师要充分考虑用户的文化认知能力。

不同人的审美认知能力也是不同的。旅游产品设计需要考虑用户审美认知能力的差异。以汝窑瓷器为例：在中国五大名窑中，汝窑瓷器是最具典型代表性的瓷器样式之一，具有极高的文化品位和极其丰富的艺术内涵。在宋代汝窑就已位居五大名窑（汝、钧、官、哥、定）之首，有"青瓷之首，汝窑为魁"之说。这就需要游客有极高审美能力,从而鉴别出汝窑在造型、做工、技术、色泽各方面远胜其他瓷器之处。

受众的认知注意力也是有限的。注意力主要是指对精神的控制和支配,意识的聚焦能力。要求人同时注意两个事务是非常困难的,每次提供过多的信息也是没有用处的。

3）受众的认知发展

瑞士心理学家皮亚杰认为：人的认知结构（他称之为'图式'）的发展存在同化、顺应和平衡化三个过程。同化就是把环境因素纳入机体已有图式中,以加强和丰富原有图式的过程（简单说就是老经验指导新情况）。顺应是指认知结构由于受到外界刺激的影响而发生改变（也就是新情况改变老经验）。同化和顺应是一个动态平衡的过程。个体每当遇到新的刺激,总是试图用原有图式去同化,若获得成功,便得到暂时的平衡。如果用原有图式无法同化环境刺激,个体便会作出顺应,即调节原有图式或重建新图式,直至达到认识上的新平衡。

同化和顺应是个体与环境交换信息时最基本的方式。这也对我们扩展可用性概念提供了新的借鉴：好的产品必须是高效地利用用户原有的知识结构,并帮助其顺利掌握具有新知识的产品。

用户在不同阶段对旅游产品的认知也是在不断发展的。消费时的产品认知和使用时的产品认知完全不同。我们把消费者称为从购买角度看到物品的心理者,把用户称为从使用角度看待物品的心理者。通过调查发现：购买物品时消费者比较关注：价格、质量、品牌、售后服务和外形,受到的视觉冲击比较大。把物品买回家后更关注物品的使用需要、使用场合、操作的知觉需要、认知需要以及审美情绪的需要。

4）受众的认知种类

（1）情感认知

中国传统艺术强调"诗言志"、"歌咏言",体现了艺术是情感表现的思想。东方艺术重视情理结合和以理节情的平衡。

人们通过对各种设计元素的吸收,产生了相应的深刻、愉悦、悠远、吉祥、搞笑、浪漫、赞叹等各种情感认知。不同的中国元素可以使用户产生的情感认知也是不一样的。

（2）文化认知

不同文化背景的人,面对同样的文化元素产生的文化认知是决然不一样的。一位服装设计大师 John Galliano 就曾说过：菜摊、竹子、雕刻、花鸟市场、稻田、旧货、紫禁城、晾衣绳、书法的章法、一张以奇特方式把头巾绑在头上的农妇的脸……这些在中国人看来十分普通、平凡的事物，对他来说却充满新奇。中国人习以为常的鸟笼也被认为是力量与脆弱的美妙结合。这一种全新的认知冲击造成了对异国文化的强烈兴趣，也可以使我们这些长期沉浸于其中的本国用户拥有了从全新角度审视我们本国文化的契机。

另外，谈到外国人对中国的认知，就不得不提到毛主席。许多外国领导人对毛主席的评价是极高的。美国前国务卿基辛格曾说过："毛泽东的存在本身就是意志的巨大作用的见证。没有任何外在的装饰物可以解释毛泽东所焕发的力量感。我的孩子们谈到流行唱片艺术家身上的一种'颤流'，我得承认自己对此完全感觉不到。但是毛泽东却的确发出力量、权力和意志的颤流。"当年联邦德国（西德）的许多年轻人受到毛泽东思想的影响。以至许多年轻人听到毛泽东逝世的消息的时候，停止上课，悼念毛主席。毛主席的形象在外国人眼里已经成为中国的符号，所以在北京798艺术区里存在相当多以毛主席为原型的平面或立体设计也就无须惊讶了。

（3）审美认知

目前市面上有大量拟人化、情趣化设计的旅游产品，充分发挥了其审美移情功能。"移情说"从心理学的角度出发，认为人的美感是一种心理错觉，一种在客观事物中看到自我的错觉。它认为，产生美感的根本原因在于"移情"。所谓"移情"，就是我们的情感"外射"到事物身上去，使感情变成事物的属性，达到物我同一的境界。也就是把我们人的感觉、情感、意志等移置到外在于我们的事物里去，使原本没有生命的东西仿佛有了感觉、思想、情感、意志和活动，产生物我同一的境界。"移情说"认为，只有在这种境界中，人才会感到这种事物是美的。

从各艺术流派的审美认知来说，传统艺术强调艺术世界与现实世界的同一，现代艺术强调艺术世界与现实世界的疏离，后现代艺术而更加注重追求艺术世界与人们经验的分裂。

不同的造型和色彩带给用户的认知体验是不一样的。

（4）功能认知

永恒的美是与真、善等社会道德规范具有统一性的。审美意识具有高度纯洁的道德感。纯粹追求感官刺激的形式是被否定的，因其不具备美的社会价值规范。审美观提倡"衔华配实"的通一，反对浮华虚饰。

在面对一项产品的实用功能时，我们会考虑例如如何使用、是否使用便利、使用是否舒适、是否方便移动、是否好打理维护等。

（5）性别认知

依据人的审美经验，人们从产品的体量、线条、结构、色彩、质感、肌理等产品的符号要素来判断产品的性别:如产品的外轮廓线、转折线或分模线等,直线可表现阳刚之美,是硬性的线,具有男子汉的性格特点;曲线可以表现阴柔之美,是软性的线,富有女性的性格特征。

不过单纯的线条还不足以判断产品性别的差异,还应衡量体量、比例、线条比重等整体形态的感觉,这与男女自身的形态有密切的关联。女性的身体曲线一直被认为是起伏的、纤细的、柔软的,整个形体有一种上升的、轻盈的感觉;而男性的身体线条则被认为挺拔的、粗壮的、有力的,形体有下压、沉重的感觉。

在色彩方面:为女性设计的产品色彩大多色相丰富,纯度和明度都比较高,多为暖色调,柔和的色彩感觉最能体现女性的色彩风格;而为男性设计的产品色彩则多数为灰度色,且属冷色系,色调相对集中。

男性化的产品审美特征主要包括:笔直的、硬朗的、坚硬的、凝固的、厚重的。

女性化的产品审美特征主要包括:弯曲的、圆润的、柔软的、流动的、轻盈的。

7.3.2 影响受众心理结构模型——"情感"

何为受众的情感需要? Alberto Alessi 表示:"真正的设计是要打动人的,它能传递情感,勾起回忆,给人惊喜,好的设计就是一首关于人生的诗,它会把人们带入深层次的思考境地。"旅游时用户全身心投入感受、积极准备迎接各种情感。产品缄默和保密的表现方式会使人们感觉保守而缺乏沟通,不能很好地寄托情感。用户对旅游产品情感需求的不断膨胀,使得如何设计出满足用户情感需求的旅游产品成了关键。作为游客来说,需要借助旅游产品表达哪些情感需求呢?

1)赞叹之情

祖国的大好河山壮丽恢宏,古代人民的智慧叹为观止,黄山、峨眉、张家界、长城等自然风景或人文景观举世闻名。当用户身处其中,难免被这种广博和伟岸所震撼,由衷产生赞叹之情。这种情绪往往十分强烈,无法用语言表达,也很难单纯依靠购买一些当地的特色工艺制品得以抒发。日本富士山旅游景区就深入发掘了用户这种情绪体验,设计了一款明信片旅游产品。这款明信片的独特之处在于用户可以自己根据目前的季节挑选最符合亲眼所见的富士山景色,在上面写上要给远方亲人朋友的祝福之语和现在激动的心情,并盖上富士山景区的特色邮戳,当场递交给山上商店旁的邮局邮递出去。用户通过这种方式将赞叹之情当场传递给了远方的亲人朋友，成功抒发了激动的情绪，满足了情感表达的需要。

2）体验保留

许多用户喜欢在景区的墙壁上留下"XX到此一游"的记号。虽然这种行为并不值得鼓励，但这非常明确地表达了人们迫切希望留下印记，证明自己曾经来过此地的心情。

海南旅游产品岛服就充分满足了用户的这种情感需求：当人们身穿岛服处在舒适的海边沙滩，微风徐徐，阳光灿烂，难免心生感慨：请让我一直停留在这一刻吧。旅游产品和用户共同拥有了一段体验回忆。日后游客离开海南，但每当看见或穿上岛服，就仿佛又回想起了当时自己在海滩舒适漫步的休闲时光。

3）远离尘嚣的浪漫情怀

很多游客之所以选择旅游，主要是为了缓解压力，远离尘世喧嚣。据说去过云南丽江的人都十分留恋不想回来，仿佛身处人间仙境。为了和人们当时的情感状态产生互动，需要在旅游产品中充分发挥罗曼蒂克的浪漫风格，营造强烈的意境美感，将人们带向一个全新的未知世界，忘却现实中的烦扰。韩国很多旅游景区都有大片的情人锁悬挂区，据说锁上情人锁，就能让两人永远心心相扣。这一种在现实生活中颇为少见的浪漫行为，在旅游途中却变得极为平常，人们通过这种纪念品来表达了平日压抑于心的浪漫之情。

4）重温过去

在人们对旅游产品的情感需求中，还有一项需求是期待能和过去的生活与经历相关联，以在产品中看见曾经的自己。不同于先前提及的体验保留，这种需求是对曾经生活经历的回顾，渴望通过旅游产品搭建通往过去的桥梁，重温过去的美好与温馨。

以青年为例：当代青年身处于社会的剧烈转型阶段，童年时社会处于改革开放的初期，生活物质不甚发达，但乐趣很多。渐渐成长后，社会变革日新月异，童年时期经历的很多事物都逐渐消失，如纸拍洋画、弹珠、发条青蛙、奥特曼、变形金刚、拥有韩梅梅与李磊的中学课本、超级玛丽游戏、东南西北中的纸玩具、万花筒……网上曾经出现过一篇日志，主题是《80后看了会哭的组图》，将这些曾经的玩具一一列数，令笔者在内的众多80后人唏嘘不已，感叹世界变化太快，原来曾如此精彩。如果能以人们曾经亲身经历的生活变迁为设计元素，展示人们曾经的生活痕迹，必然会给用户带来温馨体贴的用户体验。

5）轻松生活，幽默一笑

现代社会高速度、同步化、标准化的生产方式使人的劳动越来越机械单调。在紧张单调甚至僵硬呆板的生活中，人们迫切需要富于生命活力的幽默和谐趣来调节，能博用户一笑的旅游产品越来越受用户青睐。传统中国旅游产品较为严肃，主要通过精美的工艺来吸引用户。当代中国较多旅游产品正逐渐往文化消费的方向发展，努力缩短和大众的距离，运用幽默的方式表达着人们面临现今种种问题的生活态度。以 NIKKY HOME 为例，它是一家法式做旧风格的零售店，专门出售各种浪漫幽默情调的家居小用品。其中很多如果作为旅游产品出售，同样能获得很好的用户反馈。其中有一款产品叫"LEI 挂牌"，上面运用幽默的口吻和网络时代风行的流行语，表达了人们对日常生活的感悟和心声，如"好好活着，因为会死很久"和"台湾，祖国妈妈喊你回家吃饭"，令看到此挂牌的用户无不莞尔一笑，默契之中和产品产生情感共鸣。

6) 祝福与爱

中国传统文化中有大量的祝福与吉祥元素：象征成功的厦门状元碗、福气来"倒"的门联、象征福禄的葫芦、阿里山上的桧木制作的聚宝瓶等，都表达着人们对幸福、平安、成功的深切祝福与向往。

爱是人们心中的最终归属，一切祝福，都是出于爱。呼唤仁义、彰显人性的美好，是文化产品的终极目的。台湾南投文镇的一款竹制品，雕刻成台湾的地形，上面镌刻着"施比爱更有福"，带给用户心灵的洗涤（图 7-3）；各种可爱的卡通形象纯真、善良、带有天然无雕琢的美，表达了人们对真善美的向往；前文提及的西班牙雅瓷偶通过各种美好的形态和场景设计向人们倡导摒弃歧视、暴力、邪恶，开发宣扬正面的人生价值和潜在已久的纯真童心（图 7-4）。

图 7-3　台湾竹制品（左）

图 7-4　日本可爱的酒瓶旅游产品（右）

7）打碎传统、呼唤自我

在后现代主义盛行的当下，旅游产品越来越注重彰显用户的自我意识。人们不希望再做个循规蹈矩的好孩子，渴望打破传统与教条规矩，真正实现自己的内心渴望。一些以个人成长和自我反思为主题的旅游产品，着力探索人的内在渴望与隐秘需求、个人成长的多种可能性、自身和社会的关系以及自己在时代中的位置与作用，受到不断勇于自我探索的用户的强烈欢迎（图7-5、图7-6）。

8）远离自我

做自己的反面——远离自我也是用户需要满足的一项情感需求，是一种体验扩展的需求。当今社会光怪陆离，人们易自我迷失。很多人并不喜欢社会生活中的自己，却又没有勇气在现实生活中改变现状，于是选择在旅行途中，切断一切社会联系，成为完全不同的自己，体验别样的人生。意大利的威尼斯面具就很好地为用户提供了自我逃离的出口。人们戴上面具，更换各种表情，或淡漠、或亲切、或骄傲，完全自由选择成为什么样的自我，不得不算是一次精彩绝伦的奇妙体验（图7-7）。

图7-5 思考的孩子（左）
图7-6 后现代雕像（右）

图7-7 威尼斯面具

7.3.3 影响受众心理结构模型——"行为习惯"

用户的行为习惯对于工业设计而言，是分析产品操作方式、界面设计是否合理，各种围绕着产品与人产生的信息交互是否顺畅，以及产品界面、操作方式、造型是否能满足人的情感需求等内容的重要因素。摩托罗拉手机的接听与挂机按键和诺基亚的手机刚好相反。摩托罗拉用户群与诺基亚用户群的确存在着难以适应对方使用习惯的情况。对于用户而言，频繁的操作错误导致他们对更换品牌变得越来越没有信心，商家也很好的利用用户的操作习惯培养用户群体的品牌忠诚度。

这也是为什么各个品牌商品对于标准操作界面始终难以做到统一化和模块化的一个不可忽视的原因。习惯了每晚七点钟的新闻联播，则七点整前后的广告就会顺理成章地观看。习惯了每天六点钟取牛奶，那么一直到奶被喝光都不会使我们有太深的印象。反而是偶尔奶站没有按时送过奶来，会让我们坐卧不安，总是惦记着这件事情，使人们感到不安的并不是牛奶而是被突然更改的行为习惯。一个笑话更生动的证实了这一点：一个人每天都要忍受楼上邻居在深夜回家后往地板上扔鞋子的声音，砰！一只鞋子，砰！第二只鞋子。和邻居交涉过很多次邻居都没有注意。而有一天，楼上的邻居扔掉第一只鞋子后，突然想起楼下可怜的人，于是轻轻地放下了另一只鞋。结果转天，他气愤地跑来找楼上的邻居，申诉到：我一整夜都在等你的第二只鞋子扔到地下！为什么不扔啊！可见，突然被更改的"习惯"会给人们带来诸多不适。研究用户的"行为习惯"进而挖掘出该用户群的生活方式，才能准确找到用户感到不满或者非常满意的各个问题点，最终满足用户复杂的心理需求。对旅游产品而言，分析特定用户的行为习惯还能避免因不同国家、地区的民俗习惯而造成的设计开发方向的错误。

从中国与西方社会的生活方式对比中发现，西方人的生活方式较为自由，较早开始独立生活，尊重秩序和他人的安宁，朋友交往互相尊重且拥有独立空间。消费方面，往往有消费超过预算的倾向，在购房及汽车上很舍得花费；在对旅游产品的消费及购买上，外国用户的感性消费观念较强，认为只要能够获得对等的体验价值，金钱上多付出一些也相对值得。而中国用户，朋友交往亲密度较高，在请客和人情来往上花销较大，喜爱热闹的群居生活，通常消费预算比较保守。在整个旅游过程中，对旅游产品的消费仅仅占总消费的15%，这一方面是由于旅游产品没能充分满足游客的理想需要，另一方面也是中国用户在心理上认为旅游产品只是旅游的附带娱乐品，并不值得花费较高的价钱来购买。

在美国，一般浅淡的颜色受人喜欢，如象牙色、浅绿色、浅蓝色、黄色、粉红色、浅黄褐色。很多心理学家的调查表明：纯色系色彩比较受美国人欢迎；明亮、鲜艳的颜色比灰暗的颜色招人喜欢，并且美国人的色彩爱好与购买习惯的关系密切。比如，纽约市民喜欢白色的鸡蛋，因此在那里白色的鸡蛋常常以高价出售。但是，波士顿市民却喜欢红褐色的鸡蛋，一般认为红褐色鸡蛋味道鲜美，白色鸡蛋味道特殊。在一些地方，人们喜欢饮淡茶，而在另外一些地方，人们喜欢喝浓茶。又如带蓝把的餐刀比黑把的畅销。这是由于美国的妇女讲究厨房装饰，非常讨厌颜色单调的用具。

美国禁忌色的实例是，日本的钢笔制造厂向美国出口钢笔时，在装有银色的钢笔盒内，用紫色天鹅绒衬里，在美国遭到了反感。美国人对于色彩的感受很直观、具体。跟着感觉走，是对其最准确的概括。而了解其对色彩选择上的习惯后，相应的旅游产品的色彩方案必然能取得很大成功。

相对于较为冷静、客观的中国本土旅游者，美国游客在旅游产品的选择上要更加感性也更加多变。他们愿意带走的，不止要有浓郁的中国地方特色，更要有能够打动他们的生动、可感，带有情感特质的旅游产品。而如何做到"生动的、可感的"也正是本章重点讨论的内容。另外，色彩无疑是能够触动人情感神经的第一根琴弦，在物体形态还没有清晰呈现之时，色彩就是该物的第一属性。

利用对美国人选择颜色的心理分析，我们得出了对特定人群进行"行为习惯"剖析的重要性。只有清楚地认识到被调查群体的各个与旅游产品开发相关的"行为习惯"，才能有针对性地提炼受众真正的"心理需求点"并最终开发出具有清晰市场定位，能够召唤出针对人群相应情感的优秀旅游产品种类。

对于中国本土，南北方居民的生活习惯分析，北方军事政治气氛活跃，南方经济文化发达；北方天气寒冷，人们偏爱饮酒；南方天气炎热，茶可消暑解渴，所以人们爱喝茶；北方人饮酒方式大杯大碗，南方人用小盅喝茶，细品慢尝；南方人爱米饭，北方人喜面食；北方地区的大统一性较强，语言比较单一，南方地域区别性较大，即使是相邻省份的生活差异也较大，即使在同一方言区内，如闽方言区内，还分福州话、厦门话、莆田话、闽西话等，彼此也差异极大。

从性别角度分析，男性的工作时间较多，生活压力较大，其工作性质和工作节奏决定了他们的生活方式。回家渴望放松与温馨的环境,常以抽烟、喝酒为休闲方式；女性在家庭中养儿育女花费了较大时间与精力，休闲时间渴望闲聊、逛街，在倾诉和分享中缓解压力。

从年龄角度分析，儿童生活以游戏娱乐为主；青少年生活的主旋律是学业，乐于结交朋友，对探索人生、新鲜事物十分好奇，由于体力旺盛，很多生活较不规律；中年人是社会的中流砥柱，工作繁忙、普遍缺少时间锻炼，应酬较多，人情往来较重；老年人退休以后，自由时间较多，精神易空虚，花费较多时间锻炼身体和照顾家人及子女。

我们分别从不同国家、中国本土的不同年龄段、不同性别以及不同地域几个方面对人的行为习惯做了一个宏观概括。而对于更加具体的区域性旅游产品开发，我们必须在掌握宏观群体的行为习惯后，针对性的对特定区域按南北方地域、性别、年龄等因素进行深入分析，得到更加细致且有针对性的结论，并最终为旅游产品的开发设计服务。

7.4 用户心理需求分析

任何一个产品设计的起因，总是源于人们的需求。需求，是由生理上或心理上的缺失或不足所引起的一种内部的紧张状态，体现为人类生产或生活活动中的物质需求和精神需求。营销学家认为需求是指对特定产品的有支付能力且愿意购买的欲望。心理学中的需求是指人对生理、环境、社会某种需要。

需求问题的发现是设计活动的动机和起点。产品设计的过程是解决问题的过程。发达国家从 20 世纪 60 年代以来销售观念就从以产定销转为以销定产。消费者最大限度满足自我消费需求的愿望不断上升，在日新月异的产品面前，希望购买更加符合自身需求的产品。

举例来说，手表反映了人们准时的需要；自行车反映了人们的速度需要；收音机和电视机反映了人们关注外界社会的需要；洗衣机反映了人们减轻家庭劳动强度、降低劳动时间、缓解家庭矛盾的需要；电话反映了现代社会高效率交流的需要。抓住了人们的需要，就抓住了市场。

心理学家奴廷曾经提出一个广泛被人接受的需要理论，相较于马斯洛的人的需求五层次理论在设计方面也有更大的借鉴作用。按照奴廷的观点，可以从生物、生理、心理、社会来理解和发现人需要。结合人的生理、心理、社会等因素，我们可以归纳分析出人们对旅游产品的主要需求有：文化需要、审美需要、情感功能、实用需要、社会需要。

文化需要：文化需求可以说是游客对纪念品的最大需求。游客希望通过购买和拥有景区的特色纪念品，体验和感知吸收当地的文化。旅游产品应是某个景区的个性垄断，并且是排他的，遵循"四就"方针，"就地取题材、就地取材、就地加工、就地销售"。如果全国各地都能买到，就成了工艺美术品而非旅游产品。文化的差异性造就了文化的独特性和珍贵性。目前中国很多旅游产品文化重合性较高，特色不明显。很多产品都是从浙江义乌小商品城购买小零件，交给农村的一些家庭作坊加工成产品，然后再对其进行收购。流水线式的批量化生产，必然造成产品的雷同。在这种情况下，也许初来中国的外国游客会凭一时新鲜购买一些旅游产品，可对于常年面对千篇一律的旅游产品的中国游客来说，文化需要远远不能被满足。

除了不同地域空间的文化差异，人们还需要体验不同时空的文化差异。仍以798艺术区为例，那里遍地的毛主席雕像已经不仅仅是对伟人形象本身的表达，更多传达了人们对那个革命年代的追溯。毛主席语录、红卫兵、红色革命这些严肃的东西开始跟玛丽莲梦露一样成为一个时代思潮的象征。一位在798工作的艺术家说："在这里工作，时时刻刻都能让你感觉到自己是活在历史之中，那种感觉很奇妙。"这种跨越时空的文化感知体验，正是无数中外游客想要通过旅游产品获得的。

审美需要：用户需要购买自己觉得美观的产品。

所谓审美观念是指在一定时期、社会群体和地区环境中所形成的对美的基本认识和看法，以及由此指导下的审美意识、审美趣味、审美心理特征等。审美观念和社会的其他观念形态一样，受到社会生产发展水平的影响，同时它又对社会的整体意识形态产生作用。

在现代科学技术和生产发展的情况下，人的自我意识更是迅速增强起来，审美自我意识逐步增强，要求买到"我觉得好看"的商品。这种情况和现代生活方式中注重自我价值的特点是合拍的，随着现代科学技术和现代生产的发展而增强起来。当前设计界普遍缺乏对我国当代审美观念的调查和思考，没有真正弄清楚中国人的审美喜好是什么。

目前我们国家处于转型期，各种审美观念并行，包括传统农业文化的审美、现代审美、后现代审美、外来文化审美及盲目崇拜的审美观念。

传统美学主要从哲学和社会学角度研究美学。审美上提倡"隐秀"、"气韵"、"风骨"等法则。传统审美观念主要包括：柔和、精致、和谐、稳重、含蓄、平淡、素雅、清纯、宁静、古典、浑厚、明润、大气。其代表旅游产品主要有漆器、根雕、年画、玉刻等，做工精致、润泽含蓄，充分彰显了东方传统的审美观念。

现代主义是建立在理性的基础之上的，其艺术理论以其严格的审美自律性突现艺术的本体地位。这是以俄国形式主义为开端，以语言哲学为理论基础，逐渐形成的艺术本体论理论体系。现代审美观念主要包括：抽象化、几何化、简洁、变化、运动感、速度感、科技感。以先前提及的为长城设计的象棋旅游产品为例，坚持了平衡、简洁、整齐划一的设计原则，将长城元素提炼整合，很好地展现了当代人的审美倾向，给用户带来了大气、清爽、整洁的心理感受。

后现代主义艺术理论建立在哲学中心瓦解及艺术成为商品的时代中。此时艺术不再具有严肃的社会性和严格的自律性，转而成为人们娱乐、消遣的工具。后现代审美观主要包括：夸张、怪诞、解构、重组、大众、戏谑。如图7-9，以798的一款红色雕塑设计为例，高举火炬的自由女神如梦露般捂住被风吹起的长裙，与勇往直前的女红卫兵并排相站，共同遥望远方。三种不同人物元素跨越时空，被放在一起，造型夸张，娱乐色彩浓厚。

外来文化审美：人们面临不熟悉的外来文化时，内心的好奇会将一切外来新鲜事物视为美的，而暂时缺乏审美认定。

盲目崇拜的审美观念：在目前的世界文化浪潮中，我们东方文化处于劣势，西方审美观大行其道。有些用户觉得只要是西方元素就一定是美的，东方传统元素就是土旧的，这就是明显的盲目崇拜审美观念。

国内外的审美观念也存在着较大的差异。东方人认为柔和的东西比较美，推崇无形胜有形。欧洲人认为几何形比较美，重视逻辑性。中国人追求细腻，欧洲人追求精致严谨，美国人向往自由舒适。阿莱西为故宫设计的旅游产品，就反映了国际普遍的审美倾向，夸张、趣味性、简练。

图7-8 红卫兵与自由女神（左）
图7-9 舒展的红卫兵（右）

其实我们国家的审美文化也是在不断更进的。敦煌壁画中的飞天其实也是外来元素,形象非常美。新疆克孜尔千佛洞是全裸体的飞天形象;到了敦煌,飞天形象改为半裸;再到了洛阳龙门石窟,飞天者全部穿上了衣服。这充分表现出了中国人吸收外来审美文化的程度。我们现在把国外的这些概念用到所谓的中国元素里面来,又把小部分的中国元素融入国际市场的这些产品概念当中去,就达成了一种审美交互。

实用需要:旅游产品的实用功能越来越被用户重视。人们渐渐发现,很多旅游产品即使很漂亮,但购买回来以后并不能实际使用,于是便放在柜子里,再也没有拿出来过。为了避免这种情况,人们希望能将审美功能和使用功能结合,在日常生活中不断感受旅游经历所带来的文化体验。

目前市面上旅游产品的实用功能主要包括笔筒、扇子、钥匙链、冰箱贴、套碗、陶器、打火机、服饰、背包、鞋子、刀具、餐具、梳子、花瓶、时钟……相比较而言,国外旅游产品比国内更强调实用主义。

社会需要:用户对产品的社会需要主要表现为产品满足用户的社会期待。它反映在根据社会公认的价值标准制定出来的群体准则和行为规范上。这些准则和规范对该群体的人起作用,成为个体的行动动机。社会期待有不同的层次,有国家的、政党的、学校的、班级的、家庭的以及伙伴的等。从少年期开始,当社会期待和个体的需要产生矛盾时,群体的社会期待便能抑制个人需要的实现。因此,要了解和教育一个人,首先要研究他所参照的群体价值和行为准则,了解各群体对他的参照程度,帮助他接受群体社会期待,并使之内化成为个体的需要。简单来说就是需要旅游产品符合用户的身份和角色。

情感需要:正如前文反复强调的,不管旅游产品的购买动机究竟如何,围绕着购买行为的全过程必然产生对情感的各种需求。对旅游地发生"事"的追忆、对旅游者各种情怀的满足,还有完成旅游产品包括购买前、购买时和购买后的各个阶段的情感解读,从根本上满足人们的心理需求,都是至关重要的。旅游产品的可感性,归根结底是对人心理需求的满足。想要牢牢抓住用户心理,就需要清晰地了解用户的心理模型。因此,才推断出诸如不同人群的"认知经验"、"情感体验"、"行为习惯"这些要素是如何影响游客选择旅游产品的。对这些要素的深入剖析,我们也才能更加清晰地认识、了解旅游产品设计开发的策略、方法及其根本依据是什么了。

综合影响用户的心理需求各要素的分析,日本设计团队 kitsch 为中国内地设计的一组明信片其成功之处在于,日本设计师抓住中国民族的时代脉搏,将 20 世纪初期、新中国成立初期等具有强烈代表性的艺术风格进行再设计，保留怀旧感的同时融入新的时代元素，将民族文化真正的"传承"下去。究其根本,设计的价值体现在能充分抓住受众的内部"心理架构模式"，在此基础上，融入恰当的外部客观因素，对受众产生刺激，而最终顺理成章的产生"情感共鸣"，完成全部情感体验的过程。如何能准确把握受众的"心理结构模式"至关重要。它将使我们更加清楚设计成功的旅游产品的思考方向，使我们每一步重要工作都能有的放矢。

8 设计实现民俗文化的产品化

8.1 系统性思维模式内涵

何谓"系统性思维模式"

系统性思维需要在具体的情境中把握各要素的关系，并分析构成某个"事系统"的诸要素关系,在具体的"事系统"里动态地反映人、物之间的"显性关系"和"隐性逻辑"，继而展开思考。

其中"事系统"指在某一特定时空下，人与人或物之间发生的行为互动与信息交换。在此过程中，人的意识中有一定的"意义"生成，而物发生了状态的变化。构成"事系统"的主要因素包括：时间、空间、人、物、行为、信息、意义。

不同情景中的时间、空间、人、物、行为、信息、意义都是构成某一民俗文化的符号元素。

对民俗文化的符号化把握，首先需要我们对这一民俗文化的发展历史有充分的认识。而系统性思维避免了我们对要分析的主体做出单一片面的判断。同时，若这个主体物存在太多信息，通过系统的思考我们亦能思路清晰地获得想要的部分而滤出无用的部分，对每个点的思考都形成一个完整的环，从而避免被外部的巨大信息流干扰。天津的民俗文化，任何一个方面都存在巨大的信息，具有丰富的文化特点。如要针对天津庙会设计一款旅游产品，如何提炼它的民俗符号呢？庙会有怎样的历史传说、传统形式；在今天它又以怎样的方式出现，改变了哪些；参加庙会的人都是什么样子；庙会中卖些什么东西，这些东西能否成为代表天津庙会的旅游产品……多而繁杂的信息如果不能正确梳理反而会成为我们进行旅游产品开发的障碍。

因此，对某物的分析，其出发点应是对由该物组成的事系统的考虑。对天津杨柳青年画的分析，需要利用系统性思维将组成杨柳青年画文化系统的各个要素进行提炼整合，分析各要素之间的"显性关系"和"隐性逻辑"，从而确立能够服务于旅游产品开发设计的文化元素。

8.2 "系统性思维模式"提取民俗符号

以天津杨柳青年画为例，通过对资料的整理和分析，杨柳青年画的特征可大体归结为：

制作工艺细致、独特；民间韵味浓郁；形象活泼、色彩艳丽；人物题材感人。

利用系统性思维模式，我们需要围绕这些特征元素分别建立这些特征元素存在的环境，并通过时间、空间、人、物、行为、信息、意义几大要素为在环境中"事"的发展赋予情感取向，进而确定事系统存在的"情境"。

如杨柳青年画作品"连年有余"，是杨柳青年画的代表作品。通过对这幅作品的分析，将杨柳青年画的特征元素融入其中，利用系统性的思考确立情境，并找到在这个具体的情境中的各个要素，把握各要素间的关系，在具体的"事系统"里分析要素之间的"显性关系"和"隐性逻辑"。具体思维步骤如下：

首先，如前文对杨柳青年画的历史文化背景做翔实了解；

其次，提炼杨柳青年画中的"音、形、色、行为"几大要素（表8-1）。

以杨柳青年画为例提炼文化元素　　　　　　表8-1

内容剖析	历史渊源	舞台表演	代表性语义词汇或图片	特征应用实例
音	各种画面人物、动物都栩栩如生，仿佛可以听到画中人欢快的笑声、喜庆的锣鼓声和鱼儿摆尾的拨水声		欢快的笑声 鱼儿摆尾拨水声 锣鼓声 鸟叫声	此作品为车用"摇头娃娃"香水瓶，娃娃生动的动作与欢快的表情仿佛发出悦耳笑声。 （第二届天津市大学生文化创意大赛参赛作品）
形	多以仕女、娃娃、神话传说为题材，采用寓意写实等手法，线条流畅清新，富有浓郁的生活气息		鲜明活泼、喜气吉祥、富有感人题材、中国气派	书立与笔筒设计运用杨柳青年画图案 （第二届天津市大学生文化创意大赛二等奖作品）

续表

内容剖析	历史渊源	舞台表演	代表性语义词汇或图片	特征应用实例
色	由于彩绘艺人的表现手法不同,同样一幅杨柳青年画坯子(未经彩绘处理的墨线或套版的半成品),可以分别画成精描细绘的"细活"和豪放粗犷的"粗活",艺术风格迥然不同		手绘的色彩斑斓色彩饱满	风铃设计,源自对杨柳青年画"连年有余"中的"鱼"元素的应用。选用杨柳青标志性的红色。 (首届天津市大学生文化创意大赛一等奖作品)
行为	前期工序与其他木版年画大致相同,都是依据画稿刻版套印,而杨柳青年画的后期制作,却是花费较多的工序与手工彩绘,把版画的刀法版味与绘画的笔触色调,巧妙地融为一体,使两种艺术相得益彰		精致的细腻的层次丰富的	设计采用细腻的细节处理,是对"行为"提炼的"精致"、"细腻"语义的运用。 (第三届天津市大学生文化创意大赛参赛作品)

然后,利用提炼出的文化元素带入相应"情境",为下一步展开设计打下基础。

情境一:我们首先打破"娃娃抱鱼"仅是一幅画的印象。主体要素是:娃娃、鲤鱼、莲。在中国年到来时,一个身着彩衣的胖娃娃满脸喜庆地环抱着一条黑头红鳞的大鲤鱼置身于一片睡莲之中。在这个特定时间空间与特定人、物的场景中其行为产生了"连年有余"的意义。娃娃、鱼、莲花共同构成一个民俗符号。

在这个环境背景下,娃娃和鱼儿都有了生命,有了喜怒哀乐,有了更多的动作。

情境二:在翠草丛生的花园中,沁浸于清晨露水的清香,一位老者在进行年画最后的创作。一幅色彩饱满,栩栩如生的"娃娃抱鱼"跃然纸上。

在这个事系统中,老者绘制年画是显性关系,这种显性关系表明画的创作需要有优雅的环境、有浑厚底蕴之人则必然彰显作品本身清新脱俗、品质昂贵的特质。显性关系推出隐性逻辑。

在该情景构思下提炼年画的符号元素,则更多集中在丰满的色彩、精细的线描等细节之上。通过情景描述,杨柳青年画"制作工艺细致、独特"

的文化特征被具体符号化了。

在后续设计中,这些被提炼出的形象特征将结合现代设计理念重新演绎,成为能够服务于旅游产品形态开发中的元素。

在通过对更多的情景构思分析后,我们将得到更多更丰富甚至意想不到的符号元素,用来启发后面的设计或成为后续设计中形式表现的中心。

天津的相声曲艺,民俗文化精髓都集中于表演者的语言与动作中,现场版与录像感觉不可同日而语,同一个段子因为表演者的状态不同听众也会有不同的感受。这种语言艺术难以物化,观者之感受只可意会不能言传(图 8-2)。

它创造的价值,带给人的心理享受同样不可复制。因此为天津的相声曲艺开发旅游产品,需要我们提炼归纳各种符号元素进行纪念品设计,使用户能够由这些纪念品回想起现场表演的瞬间,从而实现旅游产品的价值。

如图 8-3 这是一款融入天津相声元素的系列 mp3 播放器设计。形象生动可爱,高度概括出天津对口相声中人物的动态特征,使人忍俊不禁,在具有强大使用功能的同时使人回味天津相声曲艺的独特与趣味的魅力。

利用系统的思维方式,我们将表演的全过程作为一个事系统考虑,由表演者与听众的言、行、举止,表演环境这些要素共同构成这个系统,这件事发生的时间、地点,观众的叫好声,表演者每个表情的变化,这些要素经过设计后,都成为能够服务于旅游产品开发的重要元素。

如图 8-4 传统戏剧表演,表演者的一颦一笑和细微的动作都是戏剧表演的精髓所在。

图 8-1　实践设计案例:"鱼盘"天津旅游产品餐具系列设计　　　图 8-2　相声表演

图 8-3　实践设计案例:天津相声系列 mp3 旅游产品设计　　　图 8-4　传统戏剧表演

对京剧人物元素在不同情境下的刻画，不同的设计分析将会得到迥异的设计结果。如图8-5、图8-6两款产品设计立足点不同，一款风格诙谐幽默、极具亲和性，将京剧元素最大化创新，以现代平面构成原理及色彩构成原则结合传统京剧文化完成了"古为今用"的设计创新。另一款风格则严肃中略显邪魅，突出了传统京剧艺术神秘、传神的特点。

如图8-5关羽、张飞人物形象传达给人的语意为"可爱的、放松的"；

如图8-6此款指甲刀中运用到的京剧人物元素传达给人的语意为"严肃的、正统的、精致的"；

如图8-7此款餐具设计运用到传统相声元素传达的语意为欢乐、祥和。

通过对不同情境的分析，我们可以将某一方面民俗文化在"音、形、色、行为"四个方面提炼概括后，实现民俗文化的系统性分类。

图8-5 实践设计案例："梦幻三国"系列戏剧象棋设计

图8-6 实践设计案例："瞬戏万变"天津戏曲博物馆纪念品设计

图8-7 实践设计案例："津津乐道"环保便携旅游餐具设计

当然不是所有民俗文化元素都需要在情境中衍生，风筝魏的风筝制作工艺、产品造型特征等，通过系统地分析就能总结出来。但这种结果只是大量图片的叠加，是纹样的罗列。但制作者的艰辛、风筝在空中飘舞跳跃时所表现的生命力，放风筝的人此时的心境等这些却难以通过单纯的图案表现。运用情景描述，目的正是为了更好地抓住这些非物质化的因素，从而使提炼出的民俗符号带有更生动的情感描述，丰富对非物质化因素的把握。最终更好地服务于旅游产品开发，使人们能通过一些细小的点寻得此间蕴含的深层情感，达到引起追忆、引起联想的目的。

慈眉善目的，喜气洋洋的又或者是机灵古怪的，对于杨柳青年画中经常出现的胖娃娃，由于描述他们的情境不同，使得同一个民俗文化元素具有几种不同的情感倾向。准确把握住这些，在开发旅游产品时有针对性地将符号元素融入设计中。

8.3　对构成民俗符号元素的再设计

通过系统性设计思维，完成民俗文化元素的提炼，提炼后的民俗符号仍具有过于具象、复杂、具体等原纹样特征。需通过现代设计理念完成对这些文化元素的再设计。

对构成民俗符号元素进行再设计可以通过以下几种方式：

1）简化符号元素

如图 8-8 此方案将中国传统的龙图腾元素加以简化，将原本充满民俗感的具象符号抽象处理为具有其主要特征的几何线形，保留了原来图案的神韵而又充满现代设计感。中国龙的形态语意丰富，具有悠久神秘的文化传承。对中国龙的形态提炼、简化，需要首先清晰地认识与之有关的文化知识。在此基础上，结合后面提到的系统性形态处理、分析方式，得到适用于不同"情境"中的简化后形态。此方案对中国龙的提炼现代感较强，设计风格体现了现代美学原则与设计理论对其的深度影响。

此款办公用品设计，将鲸鱼造型进行提炼，符号被省略到最具代表性的几大形体块。形态通过材质变化及色彩补充与丰富简化，避免过于单一（图 8-9）。

图 8-8　图腾"龙"的简化抽象处理

图 8-9 鲸鱼名片夹设计

图 8-10 传统纹样与其他形态要素融合

2）融入其他的元素

如图 8-10 在中国水墨元素中融入现代运动符号，将中国理念"刚柔并济"表现到位。对民俗文化的视觉元素应用，适当融入其他元素将能很大程度上改变原有民俗文化传递的情感语意。中国水墨本就寓意有"刚柔并济"，但其骨子里的刚直不阿往往过于隐晦，受众在不同认知经验的影响下，对其刚硬的理解往往较易出现偏差或深度不够。运用的人形以及现代化简练的形式处理原则，融入一团生命感颇强的水墨纹样中，将水墨内里的"刚硬、苍劲"以较为直白的方式表达出，使用户能更容易体会到这种墨与影的糅杂，带动的极致生命感、律动性。对中国民俗文化的运用，将现代语意更明确的图纹符号再设计后与传统纹样整合，使传统民俗文化在原来大众认知经验中的内涵被拓展出无限种可能，其灵活性被极大提高。

3）局部指代整体

北京洛可可设计公司做的"上上签"牙签盒，已获得 2008 红点设计大赛大奖。牙签盒底部的推手处的设计就是简化后的天坛顶造型。利用天坛顶的部分表达天坛作为祈福神坛的整体的意义，是由部分替代整体的运用。

图 8-12 将猫的形态进行提炼整合后，将其五官抽象概况为猫儿仰头瞬间，被夸张处理的嘴巴，是局部替代整体的应用表达。

图 8-11 "上上签"牙签盒

图 8-12 猫型音响

图 8-13 设计实践案例：妈祖文化可旋转茶海

图 8-14 台湾特色小店 贺卡设计

图 8-15 "画之韵"系列文化办公用品

图 8-13 这款以妈祖文化为元素所设计的茶海系列产品，将妈祖文化中的神冠、服饰上的云纹以及体现妈祖作为海之神的海浪花元素提炼出，由海浪形态的旋转托盘托起茶具，由妈祖文化中的局部元素指代妈祖文化。

图 8-14 为台湾特色旅游产品商店售卖的贺卡，其以学士帽与衣袖指代学士袍，又以"抛学士帽"这一行为指代圆满完成大学学业及新生活的开始，形态与动作的局部减省，不但未影响受众对核心信息的理解，反而因这种空白的表达方式，勾起受众的情感共鸣，产生回忆使之能更好的获取情感体验，是局部替代整体的准确应用。

4）材质、肌理调整

如图 8-15 书挡设计中，书挡的架子部分采用木材，屏风处用精细的绢处理。而在记事本的设计中，在皮料上烫印上杨柳青年画中"荷"的元素，木材与绢两种材质传达的语意是古典、细腻，从而将杨柳青年画元素具有的文化底蕴准确传达出来，而皮质品往往具有质感、现代感的语意。这一系列的产品设计运用多样化的材质传达出产品本身的高雅品质，具有时代感，为产品定出基调。

5）形态夸张变形

相声艺术家马三立的卡通处理，其形态中最具特色的"招风耳"被极大夸张，形象生动可爱，将马老的幽默准确诠释出来。民俗文化随着时间的积累往往构成要素丰富，可被提炼的关键点也很多。提炼出独特的设计原点后，需要将这些原点进行适度形态处理才能最终形成应用于旅游产品设计的成熟形态要素。对形态的夸张、变形需结合文化所最终要诉求的情感倾向，不能毫无章法，随性而为。相声艺术家马三立因围绕其核心的始终是"具有独特标签的幽默"，则这种夸张、搞笑的变形方式适用于这一人物形象的性格刻画，也将马老的特质推向制高点。后在诸多设计实践案例中，马老以及围绕相声文化展开的一系列民俗文化要素提炼都大胆运用到形态的夸张变形，去表达相声艺术贴近生活式的幽默。

图 8-16 相声名家马三立的形态夸张

9 旅游产品形态设计创新方法

9.1 旅游产品的立体造型设计方法

9.1.1 设计的造型分类

首先,造型的基础我们可分为平面造型和立体造型两种。平面造型是运用点、线、色彩、明暗等手段在某种平面上进行描绘或工艺处理;立体造型是通过形体的立体造像及工艺处理来创造形象的方法。

旅游产品的平面造型设计应用案例:

日本设计团队 kitsch 为中国内地设计的一组明信片如图 9-1。

这一组日本设计师所做的关于中国地方美食的明信片设计,对人物形象、美食元素的提炼以及略显古旧的色彩处理,都做了统一。平面造型设计重点在于视觉要素给用户的冲击,并且这种冲击要有度。所谓"状溢目前曰秀""情在词外曰隐""言在耳目之内,情寄八荒之表"都是告诉我们平面造型要素既要有能够状溢目前之秀美图景,又要有意生于表面的形式之外的深层内涵。

该系列方案的设计话外之音、辞外之意是:(1)中国饮食文化源远流长,种类繁多;(2)将剪影与新中国成立初期的造型元素整合后再设计,使其具有怀旧与时尚糅杂的双重风格;(3)每一张明信片都是对一种饮食

图 9-1 中国特色文化明信片设计

文化的高度概括。以火锅为例，中国的火锅，讲究千里不同风，百里不同俗。我国的火锅花色纷呈，千锅百味，著名的如广东的海鲜火锅；苏杭一带的菊花火锅；云南的滇味火锅；重庆的毛肚火锅等。如此繁多的种类和食材元素，取舍中设计师抓住了中国火锅美味的灵魂，将火锅究竟吃什么归纳得恰到好处。火锅不仅是美食，更蕴含着丰富的饮食文化内涵。吃火锅时，男女老少、亲朋好友围着热气腾腾的火锅，把臂共话，温情荡漾，洋溢着热烈融洽的气氛。

这一场景，正是火锅文化要表达的真谛——"大团圆"的群体情感交融。因此设计者没有像表现小笼包美食那样将主体人物省略，两人相视而坐，其乐融融，嘴里念叨着"吃火锅吃的就是个热闹"。小笼包明信片设计，对于"小笼包"的执着，会使得你不停地问各种各样的问题。在一家专营小笼包的饭店，当有老外来就餐，服务生就会耐心地解释小笼包面皮的直径为什么是5.5cm；为什么是18个褶；请客人们在入口前先仔细数一数。再回溯一下制作过程。虾仁有四个等级，一只4.5g以上的用来炒饭，4.1~4.5g的用来制作虾仁烧卖，3~4g的用来包虾肉蒸饺，3g以下的划为馄饨的原料。有的游客还会请服务生借来一具迷你电子磅秤，以科学精神当场验证精确度，在惊讶赞叹声中，对小笼包的身份验证已经不折不扣是参与式的表演艺术了。小笼包的制作精良，口感鲜美，其本身就是小笼包饮食文化的核心代表。

因此，在掌握了这些文化背景后，小笼包的美食明信片主体不再有人物出现，与火锅明信片平面要素表达上出现区别。吃火锅时的热闹、其乐融融；吃小笼包时像欣赏艺术品一样对晶莹剔透的小小包子细细观赏，两种不同的文化背景使我们的心情随之变化。明信片有限的图景传达出无限的情与意；统一明确的风格、高度提炼的形态符号以及对怀旧风格的把控，勾起中国本土人对旧时光的怀念也勾起外国游客想要一窥中国古老文化与饮食魅力的好奇心；体现出"情在词外之隐与状溢目前之秀"。

9.1.2 旅游产品的立体造型设计应用案例

旅游产品对立体形态的把握要做到"传神·达意"。阿拉斯加的民族工艺品设计的人物像俨然已有真实人物的神采。微微上翘的嘴角为本该严肃、神秘的形象平添一丝幽默（图9-2）。小小的细节处理避免了头像成为单纯炫耀技艺、冷冰冰的木头，温暖的人情味升华了设计使人更愿意去认识阿拉斯加传统手工艺的真谛。通过设计引导人主动去了解文化，与文化共鸣，而非手工匠人缺乏情感的技艺宣泄。恰到好处的表达，是对阿拉斯加

图9-2 阿拉斯加工艺品设计（左）

图9-3 中国"民俗人物"旅游产品（右）

人物头像设计的定位。处处是细节则没有细节，微微上挑的嘴唇、略显呆滞的眼神，两处细节刻画乃是画龙点睛之笔，是牵引整体气场、看不见的线。充满地域性民族风格的服饰、独特的表情刻画使这些生活在久远过去的人类横空显现在人们视线中。强烈的视觉刺激、强大的气场以及传神刻画，将游客轻易拉进一个交错的时空。旅游产品建立起能够引起用户强烈情感共鸣与联想的"语境"，达到传达旅游产品"情·意"的目的。

相对而言，以中国民俗人物为原型的旅游产品立体形态处理，人物神态细致入微，每个细节刻画的都很深入。但是表现方式过于直白，难以引发用户的深层联想和由此产生的过多情感共鸣（图9-3）。正如设计之隐·秀理论所说，隐的表达，"片言可以明百意，坐驰可以役万景。""会用笔者，一笔作百十来笔用"，"不会用笔者一笔只作一笔用"。中国民俗人物类旅游产品刻画过于平铺直叙，未能掌握"隐之复意和隐之不可明见性"，因此也就不能表达"物外之情"、"物外之意"了。可见控制立体形态的细节刻画程度尤为重要。

9.2 形象创新过程分析

9.2.1 形态要素的分类

从形态的维度来分类，如图9-4。

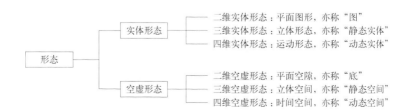

图9-4 形态维度分类

图9-5 东京迪士尼的游览空间设计

以形态的维度划分，囊括了旅游产品的所有形态形式。实体形态与空虚形态是相互依存的，一个普通的三维实体形态放置于空间中，那么那个放置的立体空间就与形态本身发生了关系，共同构成了静态空间。在后面的设计方法分析中，我们都会反复强调"物"与"境"的关系，从融入"时间、空间"要素的四维形态考虑，对"物"与"境"的分析都会用到相关概念。

东京迪士尼的游览空间设计，"米老鼠一家忙碌的生活"中每一个可以摸到、感到的实体物都属于三维实体形态（图9-5）。而由这些要素共同构成的一个空间则是三维空虚形态。可见，实体与虚空间就如同硬币的两面，永远共同存在无法分割。

如圣诞节时发售的旅游产品因为特殊的时间段与发售地的特殊空间性，使旅游产品、发售人与接收用户之间共同构成了一个四维空虚形态。它并不会静止在某一刻而是随着时空的演进发生相应的变化。

掌握形态的基本分类，将使我们更清晰地认识旅游产品的合理存在方式。中国旅游产品设计从未停止过，但时至今日仍然没有形成中国特有的风格和强有力的市场竞争力，旅游产品"软肋"一样存在，和飞速发展的城市旅游产业之间严重脱节，对旅游产品设计定位局限性较大有直接关系。旅游产品的分类介乎于工业产品与手工艺品之间，这种模糊的界定造成创新困难。对手工艺品发展的研究比重又远高于融入现代设计理念或者现代时代要素的创新型及创意时尚型旅游产品开发，同样作为旅游产品构成部分，三大层面协调发展至关重要。形态，是旅游产品构成的基础要素，摸清根本，掌握形态构成的方式方法是完成旅游产品全局设计开发理论架构的重要基石。

从形态的用处来分类（图9-6）：

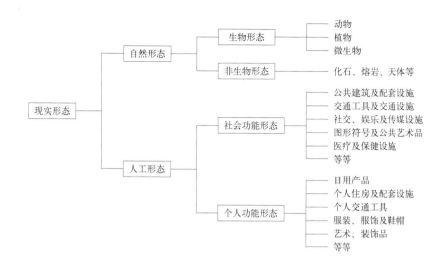

图 9-6 形态用处分类

对具体种类的旅游产品而言，常常遇到运用传统文化符号的形态自由创新与改良，则自然涉及旅游产品的形态构成原则。通过系统性设计思考，得出如何将自然形态过渡到设计形态也就是最终的人工形态设计原则，为如何运用传统文化元素与时代要素对形态进行造型设计打下基础。

9.2.2 由自然形态向人工形态的转变

（1）完成由自然形态向抽象形态的转变

由自然形态向人工形态的转变的过程，是由自然形态向抽象形态的转变在思维方式上的深化。在这个过程中，我们不但要考虑元素的提炼与抽象，还要融入对自然形态的更深层的理解。包括这一种自然形态的结构具有怎样的特征，从而能够与特定的环境相适应或者具有某些特殊的功能。

（2）由自然形态向人工形态的转变的过程，是由自然形态向抽象形态的转变在思维方式上的深化。由自然形态向人工形态的转变的过程，要学会深入地分析自然形态存在的合理性。

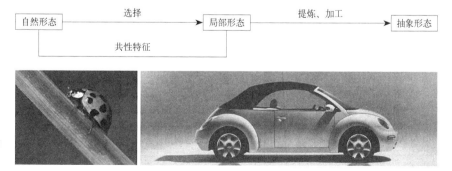

图 9-7 自然形态与人工形态

图 9-8　人工形态确立

图 9-9　抽象人工形态设计

（3）总结完成自然形态向人工形态的转变：

a. 自然形态——通过进化与环境相协调→{具有合理的结构,其间包括：合理的链接方式；合理的形体过渡等}

b. 通过学习将自然形态的结构特征简化为人工的结构{包括连接方式、几何形体的过渡方式、材质的应用等内容}

c. 对这些要素充分地理解、消化

d. 为人工形态的转化作前期准备

e. 确定明确而深刻的主题{造型—造型要素＋组合方式—优化组合，也就是再创造的过程}

f. 人工形态的确立

图 9-8 是主要由抽象几何形体构成的人型，是典型的人工形态表达。确定明确而深刻的主题后通过提炼造型要素结合适当的组合设计原则，最终完成造型的再创造。

通过对自然形态如何过渡到人工形态的分析，我们完成形态创新第一步。在此结构框架下，结合毕加索的著名画作《牛》继续深入分析针对旅游产品，构成其基本"结构、功能、要素"的形态系统是如何从最初的民俗文化或创意文化不断变形，被最终确立完成为成熟产品的。

9.2.3　形象创新过程分析

首先是形态创新过程的实现。一个新的形态被设计出来，追根溯源，并不是这个形态凭空出现，而是由基本型通过打散、重构并融合了与之有千丝万缕关系的其他形态，经过变形推敲后得出的。日本招财猫造型憨态可掬、寓意美好，是日本家庭常见的猫型摆设。因招财猫的出产地不同，吉原的招财猫、北海道的招财猫、爱知县的招财猫和越后屋的招财猫等其造型都具有当地的特色和丰富的文化内涵。并且，日本招财猫作为极具日

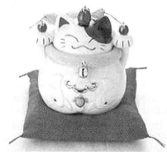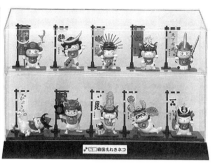

图 9-10　日本招财猫形态不断创新

本文化风格的旅游产品金字招牌以其多变的形态风格和绝佳的工艺一直拥有着巨大的商业价值和日本历史文化的传承。甚至面对中国这样的仿造高手如云的市场，日本招财猫仍然具有强大的品牌优势和不可抄袭性。这期间一个重要因素就是日本人对招财猫形式的多变。利用传统文化、现代时尚元素、地域特点、历史事件等一切要素进行招财猫旅游产品的再设计，将其最大化的传承与发展。这种系统性、规模性且深度地开发绝对是中国市场上仅仅模仿外形的山寨版商品无法比拟的（图 9-10）。

由传统形式的招财猫如何演化出如此之多的招财猫新造型，我们需要分几个步骤设计完成。

（1）利用系统性设计方法逐层分析运用到的传统文化符号，对其进行分类、提炼，整理。

（2）后通过构建叙事性情境的方式完成思路的带入，得出一组与最终产品成型有关的关键性词语。

（3）利用本节的造型处理方法完成对新造型的塑造。

（4）运用系统性设计思维完成与产品开发相关的系列要素的设计开发，如系列化方案、产品包装、产品宣传册等。

对造型的创新，结合毕加索对"牛"的剖析图例，我们可以得出这个过程分为：

分析具象形态→抓住特征→提炼元素→简化各个元素的形态，使其呈现为简单几何体→简化元素的再设计，不断加入新的具象形态或来自其他形态的抽象元素→实现元素重组→完成形象创新

如图 9-11、图 9-12 首先，分析具象形态，对所要运用到的原始形态进行剖析，获得相关资料。

抓住特征→提炼元素

如图 9-13 抓住原始形态的主要特征。如"招财猫"的原始形态是"猫"，则我们需要抓住猫的三态，即"形的状态、动的状态、心态"。

图 9-11 分析具象形态（左）
图 9-12 提炼元素（右）

图 9-13 猫的形态提炼（左）
图 9-14 简化为几何形体（右）

简化、抽象为几何形体

如图 9-14 将提炼出的原始形态的主要特征进行简化、抽象。以把握住三种状态为目标。

继续简化

完成对牛的元素提炼→形成抽象的牛

从一开始的原始形态经过提炼抽象后得到最终的简化效果"牛"，牛的力量、憨、稳重特质都得以体现（图 9-15、图 9-16）。为了完成新造型，我们将在刚才的基础上进行简化元素的再设计，并不断融入新的具象形态或来自其他形态的抽象元素，实现元素重组，并最终完成形象创新。

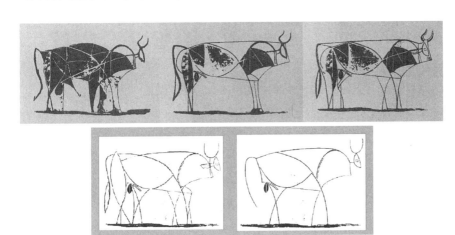

图 9-15 继续简化几何形体

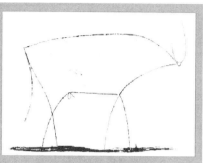

图 9-16 完成元素提炼

图 9-17 对抽象"牛"的再设计（左）
图 9-18 抽象化的牛元素旅游产品（右）

如图 9-17 完成极其简化的牛造型的抽象化处理后，通过适当打散、重构完成以"牛"为原点的新形态的创造。而图 9-18 融入其他元素对抽象形式的"牛"形态进行再设计，完成旅游产品形态创新。

以这一著名的绘画艺术为切入点，结合设计的相关理论，我们得出了对旅游产品形态设计与改良的重要方式方法，这一过程需要我们结合系统性的思想不断穿插着局部要服从整体风格需要、整体造型中要有局部的精彩，而这种精彩又要以形态表达的整体性为前提的这一创新思维主线。不断地从整体回到局部，再由局部回到整体的思维过程。只有如此，最终形态才能最大化地表达出旅游产品的深刻文化理念，触动游客的情感，实现旅游产品被顺利接纳的过程（图 9-19、图 9-20）。

图 9-19 "狗"的形态提炼与创新（左）
图 9-20 具象形态转化完成形态创新（右）

9.3 实现情感体验之"境"——用户联想

情感体验之"境",是指用户在与旅游产品的情感交互体验过程中,由用户的已有认知经验,记忆作用,对旅游产品的某些特性产生了联想。并且这种联想受用户自身经历、文化历史以及社会背景的影响,往往具有完全不同的属性。情感体验之"境"取决于用户的联想能发挥多大的作用;反之,能够在多大程度上激发用户的情感共鸣又取决于构成"境"的要素是否最大程度上引导了用户的关联性记忆。

说到天津,我们会想起远近驰名的天津小吃。说到天津小吃,我们又自然想到了"十八个褶的狗不理包子"。而如图 9-21 这款名为"'蒸蒸日上'狗不理餐具"的旅游产品设计究竟能让人回忆起多少在天津旅游时的经历呢?"天津狗不理包子"有品牌历史、企业文化,甚至也是天津城市的一面文化旗帜,表达这样沉淀厚重的文化品牌,作为旅游产品的狗不理餐具礼盒首先要"大"。这种"大"要能承担得起百年老字号的历史积淀,更要能具有代表整个天津地域性特色的广博。因此,在第一层信息表达中,此款设计要准确把握如何表达"大"的整体气韵。

"大"的整体气韵表达:

形态表达:具有大的块面效果,如餐盘套组和笼屉造型的餐具架。这种大的块面处理,突出了产品在整体形态风格上的"大"——大方、大气。

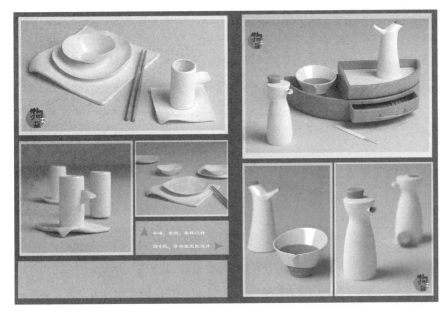

图 9-21 设计实践案例:狗不理品牌餐具设计

材质表达：餐具架及部分餐具的底托、上盖设计，采用了传统的竹元素，竹在中国具有高风亮节、虚心、气节高尚等文化内涵，且竹生长于自然，具有勃勃生机，这些关于竹的属性，都会在用户使用该产品时引导用户，使其产生联想。竹之高雅、清新，宛若君子的气韵，传达了餐具设计从文化层面的"大"——广博、高尚。

另一方面，作为天津特有的美食文化，狗不理的地域性特征明显。这种因地域而产生的产品独一性特质正是旅游产品作为商品出售时最大的竞争优势。因此，此款设计必须要表现出作为"狗不理"而存在的独特性。所以，在第二层信息表达中，设计需要展现其"独特性"。

独特性的表达：

地域特征的独特性：天津，一个有着六百多年历史的沿海城市，因为她特殊的地理位置和在特殊的历史时期的经历，使天津不但具有了"包容性、融合性、随意性、实用性"的地域文化特点，更具有了独特的"津派文化"。由于租界地的建立，使近代天津的地域文化特征中被引入了诸多西方先进的文化理念和城市建设理念。虽然在中国整体的发展历程中，这段历史是极可悲的，但是它却对天津本土文化的形成与发展，发挥了强劲的作用。它使得西方的文化与中国的传统文化以及天津的本土文化发生大碰撞，继而产生强烈的震荡并最终经过时间的不断糅合而形成了可谓独一无二的"津派文化"（图 9-22）。

天津的独特地域文化特征在设计中表现为"简洁、幽默、调侃"，将西方的造型原理与津派曲艺相声元素进行整合而来的充满对话味道的餐具造型，将天津本土人文精神中的随和、热心，骨子里的诙谐和些许的玩世不恭准确表达。具体表现在餐具造型的不规则动势以及将两款调味瓶进行形态的抽象变形，好似两位正在台上夸夸其谈的相声演员，又像是在街角闲聊的老百姓，没有青花瓷器的端庄、秀雅，没有红瓷瓷器的艳丽夺目，常见的竹和平凡的瓷，如同唠家常般的动势，不扭捏、不羞赧却也谈不上英雄气概或意气风发的后劲，亦如天津的市井生活，平凡、真实、亲近，使

图 9-22　天津传统市井文化

人感到温暖。造型表达上的包容、随意，对"津派文化"若隐若现的诉说，此款餐具设计将天津的地域文化独特性做了准确的解释。

品牌特征的独特性：

天津狗不理包子，历史悠久，狗不理品牌的故事、传说以及品牌发展历程都非常丰富多彩。狗不理始创于1858年清朝咸丰年间，距今已有150年的历史。当时，在天津郊县有一户高姓农家，40岁喜得贵子，取名高贵有，为求平安乳名叫"狗子"。狗子长到14岁时，来到天津学手艺，在一家蒸食铺做小伙计，由于狗子心灵手巧，勤奋好学，练就了一手好活儿。其后，狗子不甘心寄人篱下，便自己摆起了包子摊儿。他发明了水馅，半发面的工艺，做出的包子口感柔软、鲜香不腻，包子外表如同一朵绽放的白菊花，色、香、味、形独具特色，吸引了十里百里的人们都前来吃包子，生意十分兴隆，狗子忙生意顾不上说话，人们都说："狗子卖包子不理人"，就这样天长日久，人们就叫他狗不理了。当时直隶总督袁世凯吃过狗不理包子连声叫绝，随即进京入宫将包子奉献给慈禧太后。慈禧品尝后夸赞曰："山中走兽云中雁，腹地牛羊海底鲜，不及狗不理香矣，食之长寿也"，从此狗不理包子名声大振。

100多年的传承，一段并没有太多笑点的故事，并没有因为动荡的历史发生偏移或被人淡忘。这种品牌的巨大影响力要如何体现在一套餐具的设计中呢？150年的历史，不同时间段的多个著名人物的青睐，耳熟能详的狗不理品牌故事……有太多因素应该被体现、被表达。因此，我们需要把这些狗不理品牌的标志要素进行归纳，划分层次。

在设计中首先要被表达的，作为有百年历史的美食招牌，狗不理包子的品质和美味口感无疑是最重要的。狗不理工艺是天津最早放骨头汤做馅，第一个用半发面做包子的，雪白的面皮和娴熟的制作技巧代表了狗不理包子不同于其他的优秀品质。这款狗不理餐具设计运用包子面皮的形态进行变形，莹润饱满的白瓷器凸显狗不理包子用半发面的特色。快要旋转起来的薄薄的碗壁如同面点师傅正娴熟地擀着的面皮。狗不理包子的上乘品质通过这种造型上的相似性应用得以表达。

其次，狗不理包子最大的特色是悠久的历史。150年的积淀，传统工艺也在继承中发展，这份历史的厚重应被保留，关于狗不理的故事应被传诵。设计中将传统笼屉造型进行打散重构，原有的整圆造型被重新设计为现代感极强的非对称半圆体，且体块在纵向上变化较丰富，避免出现传统笼屉给人的过于平滑之感。采用对传统笼屉的再设计，一方面最大化保留传统文化作用下的狗不理包子特色，传承传统文化；另一方面考虑到作为礼品餐具，它的适用人群为年轻的游客且该礼品餐具定位为着重于实用性和文化传统兼容的可大批量生产的礼品类餐具，因此，在形态风格中将具有浓厚中国特色、天津地方特色的大笼屉进行再设计，重构为现代感主导的餐具架造型。

传统笼屉元素的精髓与本质被保留，其他更具象的结构细节被舍弃。另外，餐具架上层，放置调味瓶的格挡与调味瓶、碗以及餐具架构成一个主次分明、层次丰富的整体。上层格挡好像两款调味瓶的展示台，而调味瓶造型也如我们上文提到的，对话感十足。展台上两个对话的瓶子，在天津这个曲艺氛围浓郁的城市，游客根据在旅游地的记忆、体验，很容易联想到著名的相声段子："薄皮大馅儿十八个摺儿啊长得像包子……"此情此景此境，游客莞尔一笑，狗不理包子的传承、特色，旅游时的点点滴滴浮上心头。"对话的调味瓶"真真正正使游客记住了天津也记住了百年老字号的狗不理。

实现情感体验之"境"，是让我们的设计能够利用更多的细节、要素，引导用户产生联想，将用户带入对旅游地、旅游过程甚至某个旅游细节的回忆，真正实现用户与旅游产品之间的互动，用设计打动人，用设计改变人的生活。

当然，此处说的实现情感体验的"境"有别于我们后面所要深入剖析的对设计内涵表达之"境"。对旅游产品而言，无论用户购买的动机是什么，最终总会希望借由旅游产品回忆起旅游地的某些精彩场景。即便是作为礼物送给亲朋好友，选购的旅游产品也首先要打动我们自己，然后才会出现后面的一系列选购条件的限制。因此，对用户在选购旅游产品之时，以及购买之后的情感体验之"境"的剖析，将会使用户更加顺畅的发生故事联想，更好地理解设计，最终被设计所打动。摸清这一思路，对我们后面利用系统性思维逐层剖析如何完成旅游产品的设计具有至关重要的作用。

10 旅游产品设计创意理论

10.1 创新型旅游产品设计理论综述

10.1.1 创新型旅游产品设计理论框架

通过对旅游地的旅游资源进行划分，可较为全面的将其界定为"信仰型民俗文化资源、游艺型民俗文化资源、社会型民俗文化资源、名人故居型民俗文化资源、博物馆和纪念馆型民俗文化资源、经济型民俗文化资源"。通过对这些资源的调研分析，我们能得到大量相关背景资料。在对文化创意方法与旅游产品的设计开发方法的系统性理论阐述中，其宏观思维模式可概括为以下三个步骤：

（1）对目标文化资源的汇总、分类、分析；

（2）运用诸多存在相互制约、相互影响的设计理论模块所构成的庞大系统，完成用以得出设计关键语的"系统性设计方法"的理论框架；

（3）由对民俗文化资源的相关要素进行再设计，获得能够用于最终产品的视觉要素以及其他感官要素，同时结合形态创新设计理论与适当情境、产品设计关键语，最终完成相关产品设计。

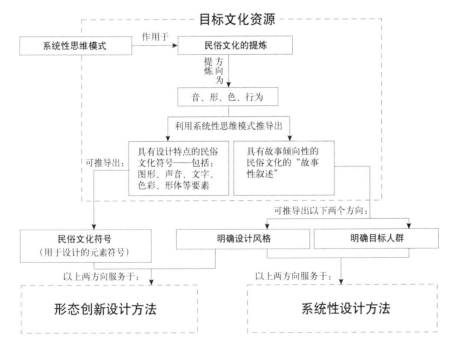

图 10-1 创新型旅游产品设计开发模式理论框架

由图 10-1 创新型旅游产品设计开发模式理论框架图与图 10-2 系统性设计方法解析框架、图 10-3 形态创新设计方法解析,获得完整的民俗文化创意思维宏观理论分析思路。

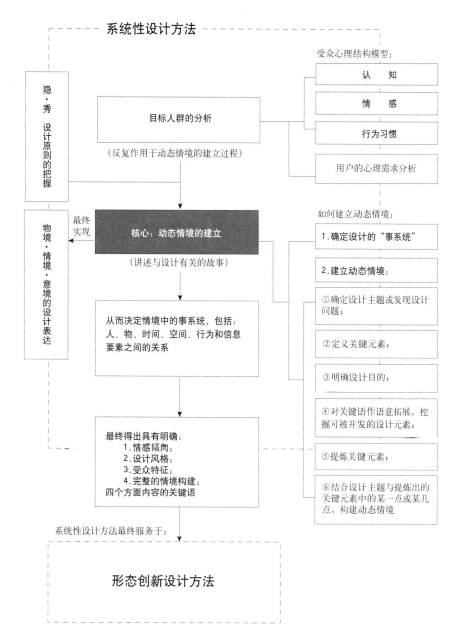

图 10-2 系统性设计方法解析框架

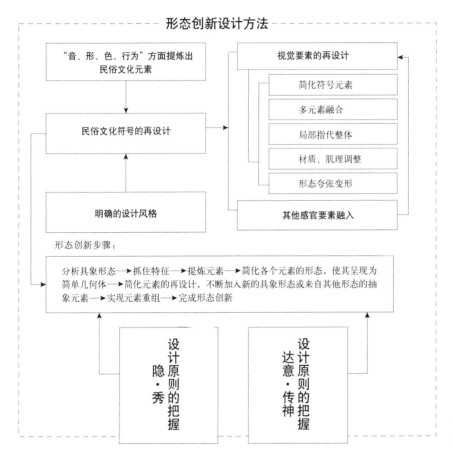

图 10-3 形态创新设计方法解析

10.1.2 系统性设计理论服务于产品设计

1) 系统性设计理论的纵向深入点

对创新型旅游产品的设计开发,所涉及的基础理论模块包括认知心理学、设计符号学、社会学、系统设计理论、设计事理学、设计心理学等多领域多门类的理论知识。以产品设计理论为基本切入思路,同时综合考虑民俗文化资源的门类划分以及不同文化所具有的独特历史故事与背景,创新型旅游产品设计开发理论将能够触类旁通,实现文化类相关产品的设计并能为民俗文化的经济价值挖掘、民俗文化对现代社会的影响、顺利地传承与发展提供新的契机和可行之路。

创新型旅游产品设计开发理论既需要考虑到传统文化的意义与价值,又需要兼顾能够打动人、使受众对旅游地产生情感共鸣并能体现旅游地特色等方面的旅游产品特质,这体现出限定因素多而庞杂、某些影响因素又具有特色鲜明、排他性强的特点,所以对宏观理论模块中某些纵向理论方向的深入度也提出极高要求。如现代设计中对中国传统美学思想"隐·秀"特质的表达与运用，将是"中国式设计"风格建立的重要契机。其核心理论层面结合现代设计语意学与设计心理学等内容所获得的理论创新，具有无比强大的应用前景与理论研究价值。

图 10-4 "曲水流觞"整体厨具设计

如图 10-4 为笔者指导学生设计的一套整体厨具。其设计主题为："问渠哪得清如许，为有源头活水来"。以宋朝朱熹的诗句切入设计，其追求的中国古典娴静、平和的生活态度以及借由"水的流动"所诠释的厨房用具之清洁和烹饪这一生活体验的自然、放松，接近自然之感都通过各个设计细节共同构筑而成的"动态情境"得以实现。用户在使用整体产品时，与产品共同构成了完整的"事系统"，通过时刻流动的活水去暗示水的净化带给食物和整个制作过程的洁净语意。

方案中考虑到第一层的下阶梯型盆洗比流水更加省水。使用后根据水质选择直接流入下水道或经滤网进入第二层。二层有贮水池可供食材餐具第一遍洗涤。洗后的污水流入烹饪区。种植在玻璃下方的水生植物，利用净化功能够过滤水中的污染物，减少水的污染。处理后的水储存在四层可供家庭清洁使用。同时，用户从洗菜、切菜、炒菜直至最终的垃圾处理都将体验到不同的活水源所塑造的情境。将对家务劳动的体验升华为最原始和纯粹的感受——使用户融入自然，理解自然的力量。利用设计的巧妙布局，为用户营造出舒适使用环境的同时，更实现了水资源的最大化运用。设计之"隐"体现在由形达意，"问渠哪得清如许，为有源头活水来"。活水之清，源自自然而非工业时代下冷漠和忙碌冰冷的水龙头。涓涓不断之流水，穿插于植物间，使人获得"流动的清洁""有生命的活水"之语意，为被多次过滤后反复使用的"循环水"赋予了更多一层的由设计而产生的"干净"之语意。"情在词外曰隐"，情在象外所造之境更是"隐"的准确诠释。"状溢目前之秀"源自方案对"状溢目前"的感受——生动性、可感性的把握。白色大理石与仿旧的原木材质突出了方案的可感性，流动的活水透出其生动性。

设计之"隐·秀"特质是对方案能够做到"达意·传神"的理论保障。"达意"，在要向受众传达的功能、情感信息中，通过何种手段实现准确传达，将是设计能否递进到"传神"层次的一个重要瓶颈。

图 10-5 "命令式"保护鲨鱼招贴设计

以"号召人们保护鲨鱼"为设计目的,我们可以通过多种视觉形式做到准确的传达意义。但是单纯地准确达意绝大多数情况都未能实现产品与用户间的沟通,实现广大受众心甘情愿保护鲨鱼的目的。如图 10-5 诸多"口号"使设计看起来更像"警察或高高在上的神圣教导者"。设计站在了受众的对立面,"号召"变成"命令"。受众的诸多复杂心理需求来源于社会认同感、炫耀性心理等,单纯的教条主义将设计架空于生活之上,"告诉"受众不要那么做、"命令"其禁止那么做、"恐吓"其那么做有多血腥,设计未能打动人,教条的长鞭将难以驱动那些复杂的社会人。实现"达意"却未能"传神",设计的最终目的大打折扣。

设计之"传神"源自其对生活的理解。在设计之初,设计者没有站在批判者的角度,而是将猎杀鲨鱼的悲哀融入社会人的生活中,将鲨鱼被切割、残害之感以其更熟悉的方式转嫁给受众,使其感同身受。同时,运用设计之"隐·秀",结合相关事系统要素构建动态的叙事性情境,做到将设计由静态转为动态,由被动灌输转为受众、用户主动体验;由教条式的说服、教育转化为受众参与其中的情感体验。"隐·秀"原则的运用使设计在最大程度上将构建的叙事性情境注入情感要素和内涵。

前文多次出现的鲨鱼鳍信封的设计,将所要传达"请不要间接参与猎杀鲨鱼"的受众带入到构建的叙事性情境中,使受众亲身体验到饱食鱼翅等于猎杀的血腥之感。这种感同身受没有声嘶力竭的高喊口号,但其达到的效果却高于后者。"隐之为体,义生文外"的方式使设计的动态表达更为含蓄。当受众在不大明白设计者的目的时,却无意中参与了一次模拟的鲨鱼猎杀活动,这种由懵懂到巨大情感冲击的过程正是"状溢目前"之"秀"。"隐秀"的原则把握将设计所要讲述的故事赋予了感人至深的文笔,激烈的矛盾冲突以及适度的神秘感。一个深深吸引受众的设计、一个能够打动人的创新,必然能够引起受众的情感共鸣与反思。这种无意中促成的悲剧既暗示了饱食鱼翅的受众也是猎杀鲨鱼的刽子手,更用委婉的口气讲述了一只鲨鱼的悲哀。

2)系统性设计理论服务于产品设计

创新型旅游产品设计开发理论提出的设计理论系统,既提出了一整套处理解决中国不同地区的特异化民俗文化背景下的旅游产品的设计与开发的方式方法，也通过理论的模块化处理，运用系统性思维模式，将这种针对特定领域设计方法的应用层面扩大到诸如民俗文化的纹样提取方式、中国风产品设计以及动态情境引导下的产品设计等多个设计领域。各个理论模块既是具有单独理论核心思想的小系统模块，又是能够共同服务于总体目标的完整性系统方法。如前文中提到的以宋朝朱熹的诗句寻找到切入点的整体厨具设计，正是一整套系统性设计理论的层层推敲直至最终实现。

设计之初，对"厨具"的概念，应用范围等一系列背景资料进行汇总、分析，这一过程在作用上等同于旅游产品系统设计理论中的第一步，对目标民俗文化的提炼、分析。而后，设计围绕着厨具究竟要实现人的什么目的展开。通过前期的背景资料分析，我们会得到诸如"男人用的、女人、老人、情侣、主人与宠物、母亲与孩子的使用等"产品的受众人群信息。根据这些不同人群的认知方式、情感、行为习惯对最终心理需求的影响，可分别获得不同类型的产品风格定位以及设计切入点。如针对25～40岁单身男性的整体厨具设计，对此类人群的分析我们可获得"强烈的期望成功；心理压力较大；需要被肯定；不具备主动清洁厨具的过多热情；对单身生活要求较高；社交中希望得到朋友认可"等一系列特定心理需求。而当受众人群成为同样年龄段的单身男性和其宠物时，则专注于受众"微情感"将可获得迥然不同的数据。现代都市生活中单身男性的宠物，承担着分压、排遣寂寞、实现与志同道合友人建立交流圈等一些极重要任务，是家庭中不可或缺之角色。因此为爱宠营造舒适的生活空间甚至与其共同烹饪也是这一受众群的重要心理需要。

以"母子"为目标人群，则可细分为年轻的母与子，着重亲子交流以及儿童对成人劳动的体验；年老的母与子，着重于当前较为热点的空巢老人缺少亲人关怀问题，将因为种种原因而只能在极短的假期中团聚、享受年夜饭的母与子，能够通过共同动手做饭，根据亲和性的环境实现情感交流，最大限度地享受团圆饭的美好。以这四个受众人群的特点分别构建叙事性情境，最终服务于"形态创新设计"的关键语将完全呈现出三种结果。以同一目标人群构建出不同的叙事情境则其设计关键语也将随之发生改变。

如建立情境一为：素来对自己要求较高的A先生，喜欢一切都井井有条。下班后他在整理好内务后，一如既往地冲了喜欢的咖啡。工作或休闲都是一成不变的规律，下厨需要每一件物品都在指定位置，工作台上多余的水渍、杂乱无章的肮脏单身汉生活会令其感到无助。然而，并不擅长整理家务的他要如何获得轻松愉悦的烹饪生活，并能够贯彻其井井有条、高雅的单身贵族生活状态呢？

通过情境分析，我们将获得的设计关键语归纳为：规律、调理、整洁、水的流动、各归其位，其设计升华关键语为：水珠滚动在精确、规整的精细凹槽中，最终汇聚。刀具、锅铲陈列在刻有刻度的精密设施中，位置精准、不容置疑。最终我们将获得用于形态创新的关键语为：水珠滚动、精确的电路、精细凹槽、刻度、极长的金属、精密。

建立情景二为：性情温和的B先生，喜欢随遇而安。下班后辛苦一天的他约了朋友吃饭。他很满足当前的生活，虽然屋子不算整齐，到处充斥着单身汉特有的懒散、混乱，但是处处都是自己习惯的安排。顺手放到桌上的牛奶杯、方便下次直接用的插在电源上的充电器、搭在椅子背上的毛巾，朋友聚餐后将会改变他所有物品的习惯位置，重新适应新物品的新位置多少令他有些不满。几次找不到想穿的那件T恤后，他无奈地放弃选择，随便穿了件衣服出门。

通过情境分析，我们可以得到的信息是：对他而言，居室没有家的归属感，更多意义上是个保证基本生存的"巢穴"。厨房或厨具除了偶尔朋友聚餐几乎是多余的存在。混乱的生活也令他百感交集，但这种归属感的缺失使他不愿为了改变现状而努力。则问题的关键就在于如何使这种类型的单身汉建立家庭归属感。整体厨具除了更好地发挥聚餐功能，如何提升亲和性，协助这一受众建立更积极的心理结构模型将是设计表达的核心。因此，决定形态创新的关键语可定义为：归属感、家、无意识需求被满足、慵懒的、可以记忆的（后期设计由物联网与电子触屏设计实现）、聚餐。

建立动态情境，围绕着特定受众人群确立故事的发展，并最终挖掘出可用于形态创新以及产品造型设计的核心关键语，这一过程，由我们结合具体设计案例的分析可知，它并不是如框架解读中的单线顺序发展过程。关键语的推敲，需要反复重构目标人群的动态情境。这期间，对目标人群的分析、拓展，对设计目的的分析，挖掘以及相关故事的延展，都可能成为最终动态情境建立的契机。在无其他外围硬性设计要求的前提下，由动态情境假设的方式我们将可以得到多种能体现"事系统"而非单体"物"的深层次设计成果。对用户的深层情感需求，产品与用户间的多重信息交互体验，都将以更加和谐、自然的方式实现。系统性设计方法是将诸多设计理论由一条核心主轴——"动态情境构建"贯穿，其他设计要素在对"事系统"的反复推敲中，不断获得新的信息，调整动态情境的发展与关键语的构成。

以实际设计案例分析"动态情境"与设计关键语如何建立：

设计案例"抵碳生活"灶台设计的目标定位人群：工作压力较大的上班族；

（1）设计目的：寻找原始烹饪生活带来的乐趣；

（2）设计关键语的分析：由关键词"原始烹饪"的语意拓展可获得原始的、没有当前各类科技支持的烹饪环境与烹饪设备；

（3）动态情境的建立模式：尚未形成文明社会的原始部落人围坐在由石头围成的篝火前烘烤食物。部落人群落后的生产力和对科学、自然等文明的无知无解而对食物有着格外的珍惜与对自然力的神圣崇拜；

（4）设计关键语的初步提炼：原始的、粗犷的、神圣的、崇拜的、珍惜的；

（5）结合设计目的与目标定位人群的特征，对关键语和所述动态情境进行分析，可得到：现代文明的发展，使疲倦的上班族和蒙昧的原始部落间的价值观迥然不同。对自然力的崇拜变为对自然环境的向往；对食物的格外珍惜变为冷淡的挑剔甚至浪费；烹饪工具的原始形态始于部落人群对劳动的尊重；工具都是劳动智慧的结晶。而现代社会人对烹饪工具的要求变得苛刻，劳动分工后，与烹饪工具开发设计无关的人群无意再去理解和反思烹饪工具的存在方式，设计智慧不再轻易获得尊重。

在"精神疲劳的现代人"与"寻找原始烹饪生活带来的乐趣"之间，寻找动态平衡点，则关键语再次提炼为：原始的（富有乐趣的或情感倾向的）；粗犷的（期间杂糅着体现人本关怀的精致）；神圣的（召唤自然的力量，使用户感受到自然）；珍惜的（由设计重拾使用者对劳动的尊重、对食物的珍惜）；放松的、清洁的；

分析后舍弃关键语"崇拜的"，增加"放松的""清洁的"，同时所有的关键语都有了更丰富的内容拓展与限定。

（6）再次构建动态情境：疲劳的上班族回到家后，需要完全地放松自己。而家中的任何一个让他重新联想起工作的物品或需要投注过多精力被迫完成的事情都会令他产生消极反应。这种消极的情绪甚至会影响家庭中的其他成员。如在现代都市白领中产生的新的精神疾病"手机恐慌症"，手机没电、丢失、很久没有收到信息等情况下产生的精神恐慌以及放假休息时听到手机铃声时的恐慌感，都是当前都市人生活压力过大，精神疲劳的直接反应。厨房、烹饪如果失了乐趣，仅为满足"吃"的要求，则它的位置瞬间被并置为"需要投入过多精力被迫完成的事情"。再次构建的动态情境，必须将"寻找烹饪乐趣"放置在较核心位置。而以上关于关键语的分析，对原始部落要素的分析，使我们能够找到一个寻求烹饪乐趣的重要创意点——"回归原始生活"，这种设计体验能够满足用户注重生活细节，提升生活质量又不需要投入额外精力。满足用户作为自然人而对回归自然本能的渴求。

动态情境的描述中，夫妻二人围坐在一堆酷似木柴的利用微电子技术控制的数字炭火前，惬意地用夹子往炭火堆中放进新的"炭块"，调大调小火焰的过程变得有趣，用夹子夹取的方式放慢了调试炉火温度的时间，使人们可以同样适当放慢生活的节奏，用一点点简单的劳动找到收获的乐趣、劳动的乐趣，在放松的心情下细细体味"原始状态"烹饪生活的乐趣（图10-6、图10-7）。

前文中提到的实践设计案例"问水"整体厨具设计的目标定位人群：工作压力较大的上班族；

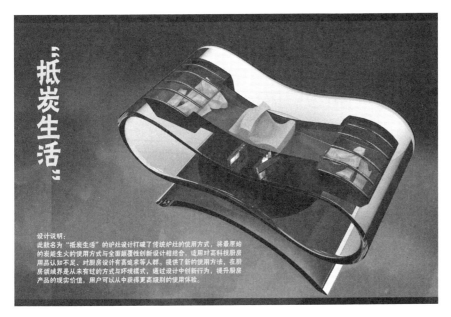

图10-6 "抵碳生活"灶具设计

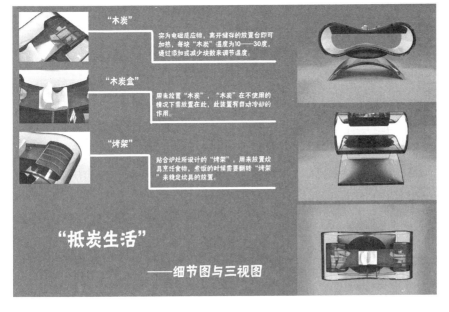

图10-7 "抵碳生活"灶具设计细节分析

（1）设计目的：寻找原始烹饪生活带来的乐趣；

（2）设计关键语的分析：由关键词"原始烹饪"的语意拓展可获得，原始的，返璞归真的，没有当前各类科技支持的烹饪环境与烹饪设备。

（3）对"原始"的语意拓展，停留在"返璞归真"上，则相应的动态情境可建立起人类对自然的向往；天人合一的境界。通过对"天人合一"这一具有浓郁中国古文化特色的情境联想，我们将很容易得到如案例中提到的"问水哪得清如许，为有源头活水来"的意境描绘。构建动态情境后，得到"问水"整体厨具设计的关键语为：返璞归真、静、茶道、思考。

10.1.3 形态设计创新理论分析

由系统性设计方法分析，能够得到决定最终产品造型设计方向的关键语。这些通过反复推敲、分析得出的关键语也将是设计创新的源泉。形态设计的创新方法，首先需要考虑由前期数据分析、系统性设计思维推导而得出的一系列设计开发结论。这种结论在本书中以系统性设计方法归纳总结出的设计关键语的形式存在。完成这一步之后，我们将要结合形态造型设计的一些创意手段，对设计形态进行整合。这其中，设计之"隐·秀"原则，设计之"达意·传神"原则都将对形态造型设计创意产生至关重要的影响。

如图10-8，此方案为笔者指导学生所做微型橱柜设计。主题定义为"曲水流觞"，旨在通过橱柜上微小的弧面变化，将蔬菜沥干、容器溢水、餐具干燥、食物融化后、用水时浪费的诸多细小水源集中净化，达到水资

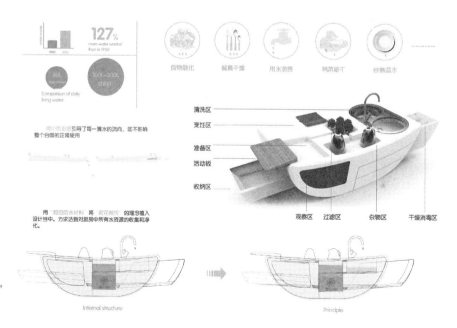

图10-8 "曲水流觞"整体厨具 方案二

源的再次利用。"曲水流觞"橱柜的形态选择中国传统造型"觞"经过抽象、变形,结合系统性设计分析得出的设计理念与创新方向,完成最终产品形态。

"曲水流觞"是上巳节中派生出来的一种习俗。那时,人们在举行祓禊仪式后,大家坐在水渠两旁,在上流放置酒杯,任其顺流而下,杯停在谁的面前,谁即取饮,彼此相乐,故称为"曲水流觞"(图10-9)。

如图10-10觞是古代盛酒器具。通常为木制,小而体轻,底部有托,可浮于水中,也有陶制的,两边有耳,又称"羽觞",因其比木杯重,玩时则放在荷叶上,使其浮水而行。古"逸诗"云:"羽觞随波泛"。汉有"引流引觞,递成曲水"之说。"曲水流觞"后来逐渐成为上巳节的一个重要组成部分。

唐代元晦曾在桂林城北的叠彩山前引泉建筑流杯池。宋代的时候,桂林东华路附近有一座逍遥楼,曾经是官员们观江、咏宴的地方。图10-11是当时的流杯渠遗物,同时也是我国发现最早的"曲水流觞"石刻。

通过对"曲水流觞"的文化背景以及图形纹样的分析,我们从"音、形、色、行为"方向对这些资料进行汇总和分析。因为最终用于设计的元素既可能是某些造型、图案,也可能是具有代表性的声音或行为,如"曲水流觞"作为传统文化活动,其代表性行为描述为"众多文人墨客围坐流杯渠旁,且谈且饮"。

对以"曲水流觞"为切入点的整体橱柜设计,其形态创新方式首先由系统性设计方法界定关键设计要素,如对"众多文人墨客围坐流杯渠旁,且谈且饮"这一行为方式进行关键要素提炼,将得到"诗情画意、优

图10-9 "曲水流觞"古老习俗

图10-10 古代盛酒器具"觞"

图10-11 传统文化形式"曲水流觞"

雅的、随意的"等有关这一动态情境提炼出的关键语。而后由意义关联性联想，围绕着这些关键语建立起新的叙事性情境，我们又可以得到引申性描述"水墨画、晕开的墨彩、慵懒随意、安静的环境中一滴水落到水面发出清晰的嘀嗒声……"经过语意联想，不停地构建叙事性情境，我们得到一些对后期形态造型设计至关重要的描绘性词汇。

对形态创新的第二阶段，是结合针对性的塑形原则将一些前期分析得出的相关纹样、图案、形体等视觉要素与触觉、听觉、味觉等其他感觉要素，进行形态化创新处理。以案例"曲水流觞"整体橱柜设计为例，在前期确定了"原始的、淳朴的"这一基本理念后，经过对"觞"的传统造型进行意义拓展，完成在此基础之上的元素抽象、提炼、创新。将"流杯渠"涓涓不断的流水这一动态过程，通过元素的打散、重构，取其不断流动、循环的意义，将这一过程再设计为贯穿于橱柜整体的导流槽。通过多级导流最终将各种应用下收集的不同废水，分级净化，汇于中心（图10-12）。

对"曲水流觞"的理解，是多层面多角度的，而能够"传神"的造型创新，其在意义上的表达一定是准确的。方案将流动、循环之水的意义而非"流杯渠"的形态进行提炼整合，舍其形，取其意，准确地传达出方案对原始自然力量、人类淳朴价值观的追求。而方案的整体造型是对"觞"的形态再设计，取其形态的主要特征，注重"觞"的形态细节、各个弧面角度，然后将传统木质材料改为具有更强时代气息的白色瓷质感材料。传达出"觞"的古韵，也融入对现代设计的理解。

此方案为笔者指导的学生设计"喜上眉梢"餐具系列产品。如图10-13其形态创新过程首先将中国传统文化对喜鹊的理解阐释清晰，古人以喜鹊作为喜的象征。《开元天宝遗事》中说，"时人之家，闻鹊声皆以为喜

图10-12 "曲水流觞"整体厨具细节方案二

图10-13 "喜上眉梢"餐具系列产品

兆，故谓喜鹊报喜"。《禽经》中讲"灵鹊兆喜"，在中国剪纸、绘画中喜鹊是吉祥图案。本方案描绘了"两只喜鹊在檐前聒絮，霎时间又往别处飞，飞来飞去没个定性。看着好像心性无定准的活跃青年，最后落回到巢中休息的情境"。通过对该情境的分析，结合对中国传统文化中"喜鹊"具有的吉祥语意，最终获得了"活跃的、年轻的、幸福的、动态的"关键语。

对情境介绍中"最富孕育性顷刻"的描述，使我们获得了"成双入对的喜鹊在巢中嬉戏、扭着头好像在交谈的顷刻"。

结合方案"餐饮用品"的设计目标，通过对这一特定顷刻的视觉要素提炼、重构，包括简化符号元素；多个风格、方向的元素融合；材质、肌理调整；形态夸张变形等多重手段，最终获得方案中的形态。其形态处理难点首先是一对喜鹊的动态感表现，如何能用最精简的符号将喜鹊聒絮、活泼的个性传神地表达出，另外，作为餐饮用品的价值在形态设计中必须要着重表达。产品的易用性、可用性，带给受众的心理感受都是对这一孕育性顷刻的形态进行提炼而提出的重要影响因素。

如图10-14其形态的创新设计用于确立最终形态的"孕育性顷刻"是将秤杆挑开盖头时，新娘的娇羞、美丽、欲语还休。在对中国传统婚礼庆典过程的动态情境架构过程中，有很多具有浓郁中国文化特色的经典场景。

而此秤杆挑开盖头时，是对中国传统婚姻文化的一个最精辟、巧妙的概括。红盖头首先是用来遮女性的新婚之羞。结婚对于女性来说是人生一次较大的改变。离开了自己生来熟悉的环境，突然跨入一个陌生的环境，陌生的邻居、陌生的公婆、甚至是陌生的丈夫，这在中国古代的男女婚姻靠"父母之命，媒妁之言"缔结的封建社会中，结婚是第一次跟自己未来丈夫相见。薄薄的一方红巾盖上头的刹那，成为将一个女性的一生化作两个阶段的里程碑。小小的盖头也将慌乱的新娘同周围隔离开来，营造了一方独处的时间和空间。盖头下，新娘可以积极调适自己的心理，增强面对新状态的能力，使惶惑、焦虑、不安、恐惧、羞涩等种种情感波动得以缓解。

同时，盖头符合中国传统美学观念，具有满足人审美的功能。中国对女性美的要求，是和中国所有艺术，诸如文学、书画、戏剧的审美观念相同的，即崇尚内敛、含蓄、曲

图10-14 实践设计案例："掀起你的盖头来"气氛灯具

径通幽。对女性之美注重娇羞、娴婉。柳永有词《荔枝香》"素脸红眉，时揭盖头微见"，形象地写出了在掀开盖头的那一瞬间，突然暴露无遗的羞涩使新娘愈发显得千娇百媚，楚楚动人。红盖头激发了人们婚庆时的好奇感，使人们的思想趋向美好、完美，增加了婚礼的喜庆气氛。由"音、形、色、行为"四方面进行的文化分析，以"掀起你的盖头来"这一图景代表中国传统婚姻文化，是对文化特点的准确概括。

而对这一孕育性顷刻要如何被提炼、整合，才能成为最终具有一定实用价值和能够传达出文化理念的产品，甚至是能够作为旅游产品而代表中国源远流长的文化发展呢？我们需要运用"形态创新理论"中，对民俗文化符号的再设计方法。简化符号元素——在对这一顷刻的描述中，盖头、女性的端庄、因为遮挡而产生的女性神秘感以及中国传统婚姻的大红色喜庆氛围，都是不可省略的关键性视觉要素表达点。简化的符号元素，首先可以对这一图景描述中未出现的其他要素进行省略及简化处理，如除女性的手、足，裙摆在表达出稳重、端庄以及特有的中国新娘的坐姿外，其他部分可简化。

多个风格、方向的元素融合——考虑到现代人审美需求的变化，中西方文化的差异性，如果目标定位人群为外国游客，则可适当融入具有强烈中国文化代表性的喜字、剪纸等元素，对新娘的红盖头做夸张、强调处理，并适当考虑融入现代简约风格，适当简化与设计主题无关的民俗符号，减少对主题、设计之"境"表达的干扰。使外国游客能够准确体会到中国式传统婚姻的神秘、含蓄以及独特的东方艺术之美。

如图 10-15，中国传统新娘要着凤冠霞帔，内穿红袄，足蹬绣履，腰系流苏飘带，下着一条绣花彩裙，头戴用绒球、明珠、玉石丝坠等装饰物连缀编织成的"凤冠"，再往肩上披一条绣有各种吉祥图纹的锦缎"霞帔"。其形态、纹样具有极其丰富的文化内涵且东方气质浓厚，风格独特。但对本设计案例中强调的盖头传达的女性神秘感和由此引申出的中国传统婚姻文化的神秘感表达都无直接影响，所以在形态创新过程中对此部分将做适当减省。

材质、肌理调整——传统新娘礼服会选择锦缎、手工刺绣、将各种珠宝饰物编织嵌缀而上，而现代产品设计其表达重点在于形态的再设计。过于繁琐、

图 10-15 中国传统新娘着装

精细甚至早已失传的手工技艺必然不可能完整呈现。对材质、肌理的合理运用与创新,将能够很大程度上解决这一问题。传统文化中知名典故,音、形、色、行为所代表的意义,都需要现代产品设计"达意·传神"的表现。

如图 10-16 此方案为笔者指导的学生所做手机套设计。用超轻黏土对中国传统新婚夫妇的形象进行较为大胆的设计创新。

形态夸张变形——对于形态的创新设计,夸张变形的手法必然会被应用。而夸张"关注的点"与变形的"尺度",则是这一手法运用的关键。"掀起你的盖头来"气氛灯的设计,其最核心部分就是"盖头",所以对于整个灯体而言,红盖头的比例被调整到最大。女性的端庄、羞赧及中国传统文化审美中对女性的描绘,通过灯体塑形中对女性端坐的姿势进行变形得以准确体现(图 10-17)。

以中国古典帝王为原型的卡通造型钥匙链设计,将皇帝与皇后的代表性符号——满洲王朝的皇族服装进行形态夸张与变形。将王族的气势磅礴演化为平易近人的亲和性风格,形态比例被极度压缩,以情绪表达最为缓和的圆形为基础,其变形的度是比较大的。整体设计风格较为平缓、可爱,但其对中华文化精髓的体现则略显肤浅,未能抓住最具孕育性顷刻,致使设计未能真正做到"达意·传神",对最终由产品与人、时空等要素构成的"叙事性情境"也未能有更为突出的表现。产品没有和其他要素发生关系,也没有能够构成使用户产生丰富情感共鸣的"物境·情境·意境"(图 10-18)。

图 10-16 设计实践案例:新婚夫妇主题手机套

图 10-17 "红盖头"形态提炼

图 10-18　设计实践案例：中国古典卡通造型钥匙链

图 10-19　云南特色 - 独立设计师作品

如此案例为形态创新设计方法中对多个风格、方向的元素融合与形态的夸张、变形两大原则的典型应用。值得一提的是，其形体变形的"度"控制较好。既保留了传统纹样与造型设计的主体风格，又使产品极具现代设计感。对这一动态平衡点的把握，使其成为传统文化传承的最佳载体，被更多受过现代文化熏陶与习惯于现代设计理念、审美原则的人所接受。

10.2　创意时尚型旅游产品设计理论综述

10.2.1　创意时尚型旅游产品特征

对现代与当代文化元素的提炼和处理，文化创意方法注重市场反馈与缜密的前期调研和数据分析。利用科学的方法和现代设计理论对具有强烈时尚特色的产品进行开发，其对受众人群的心理需求、产品的开发周期、市场预期占有率以及产品后续发展方向都需要客观、准确的分析。

中国两位不知名姑娘开发的"心灵容器"，通过售卖各种形状的瓶子，在每个瓶子上写上不同的话，标注条码等方式，分别实现现代人宣泄压力、充实精神需求的目的，是中国本土对创意时尚型旅游产品类开发中屈指可数的成功案例。这些商品并不能起到什么实际的用处，但是可以满足每个用户的很多稀奇古怪的情感需求（图 10-20）。

此方案为天津理工大学学生 2013 年第三届天津市旅游产品创意及设计大赛参赛作品（图 10-21）。以橡皮在擦拭过程中会产生的人物形态变化为创意亮点，使产品和使用者之间产生一种时刻变化的互动感受。由产品构建的一个动态情境，达到对受众情感的多次触动，使用户能够获得持续变化的使用体验。

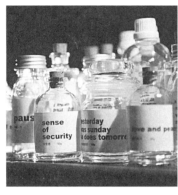

图 10-20 "心灵容器"创意旅游产品（左）

图 10-21 设计实践案例：天津旅游产品"皮·相声"（右）

图 10-22 设计实践案例：天津旅游产品"皮·相声"使用过程

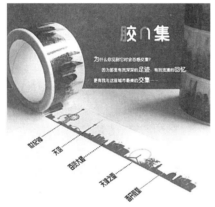

图 10-23 设计实践案例：天津旅游产品"胶集"胶带

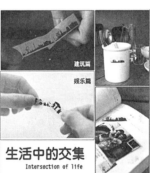

图 10-24 设计实践案例：天津旅游产品"胶集"胶带细节分析

此方案为天津理工大学学生 2013 年第三届天津市旅游产品创意及设计大赛参赛作品，具有天津知名旅游建筑物的胶带（图 10-24）。将一个城市的重要信息以纹样汇总的方式，集中于礼品胶带中。将旅游产品的纪念意义与实用功能整合，结合产品设计理念，将现代产品设计与文化创意方法融会贯通，突出产品的创意时尚与实际应用价值。

可见，文化创意方法对创意时尚型旅游产品发展起着至关重要的作用。

10.2.2 结合案例分析文化创意方法如何作用于创意时尚型旅游产品

以天津近现代文化发展为切入点，结合实际设计案例阐释文化创意方法要如何作用于创意时尚型的旅游产品设计。

以创新型旅游产品设计开发的系统性设计方法为基础理论框架，创意时尚类旅游产品更加注重创意思维的运用，且文化元素对产品形式的限定相对较小，设计表达空间更为灵活多变。产品的实用性与创新价值体现成为此类旅游产品市场竞争力的重要衡量标准。其创新价值以物境、情境、意境的体现为较高层次，受众与产品共同构成的"事系统"所产生的多重情感交互与动态的情境表达为创新价值表达的最佳手段。

以天津城市发展建设为切入点，近现代文化背景下天津旅游产品设计开发，其文化诉求点更多集中于天津近现代的文化发展、社会意识形态变化的研究。当然，这种文化发展的现状同样离不开历史的影响。"必然产生必然"，历史的必然导致天津这一有着移民文化背景的城市具有更强的文化包容性与对新兴文化的融会贯通的能力。这为天津发展创意时尚类旅游产品提供了良好的契机。如天津滨海新区提出建立中新生态城的现代城市建设理念，在未来将成为创意时尚型旅游产品的重要孕育摇篮。天津滨海新区集各类制造型企业于一体，港口贸易地位鲜明，具有鲜活、灵动、年轻的地区特色，是高新技术、超前理念孕育的土壤。诸多地域、人文、历史

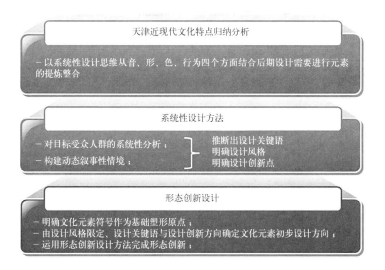

图 10-25 天津创意时尚旅游产品设计开发方法概括

以及经济发展特色都决定了天津滨海新区将是工业发展的重要地区。天津市政规划顺应国家政策发展，提出建立中新生态城，将文化产业建设、创意产业建设提升至重要核心地位，突显"生态、文化、创意"三大关键点，适时地表明了天津滨海新区将要推动适应知识经济大背景下，更高视角的工业产业发展模式的决心与态度。

来自"中国网·滨海高新讯"的信息，天津生态城的文化产业发展从零开始，历经了初始阶段的艰难，截至2012年底，据《中新天津生态城2012年文化产业发展白皮书》显示，共计215家文化企业入驻了天津生态城动漫园，其中不乏优秀的文化企业，诸如盛大网络集团、青青树动漫、华谊兄弟、博纳影业、乐视网、读者出版集团等文化企业。这些文化创意企业将直接决定了天津创意时尚型旅游资源的主流发展方向，更暗示了突显时代感的创意时尚型旅游产品的广阔发展空间。相对于滨海新区的生态、文化、创意总体发展思路，天津中心城区则以厚重的文化底蕴为依托。六百余年的城市发展之路同样铸就了天津中心城区兼容并蓄的发展特征。设计案例选择分析天津的地标建筑"世纪钟"，以系统性设计方法与形态创新设计两大理论板块作支撑，最终获得设计方案。

2001年1月1日零时，悦耳的钟声在解放桥前响起，敲响迎接新世纪钟声的，是天津新的标志性建筑——世纪钟。

对世纪钟的元素提炼过程：

意义提炼：

（1）敲响迎接新世纪的第一个钟声

（2）寓意时空延续，时不我待

（3）中西方文化的交融

纹样分析与提炼：

围绕"世纪钟"的意义，继续深入分析将获得设计创新切入点。

图 10-26 世纪钟表盘要素

10 旅游产品设计创意理论 | 151

世纪钟其他要素分析

"日月辉映"

太阳的光芒和月亮的光环都在以每分钟3转的速度匀速旋转，再配合时钟的运行，给人以持之以恒的动感、厚重的历史底蕴与强大的生命力之丰富语意。
意指天津城市发展的勃勃生机。

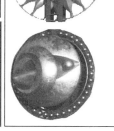

设计风格：古朴典雅

厚重的锻铜底座上布满大小齿轮、链条以及巨大的钢制螺钉、铆钉，与古老的解放桥互相映衬，向人们诉说着中国的近代工业从这里开始。

图 10-27 世纪钟其他要素　　　　　　　　图 10-28 世纪钟设计风格

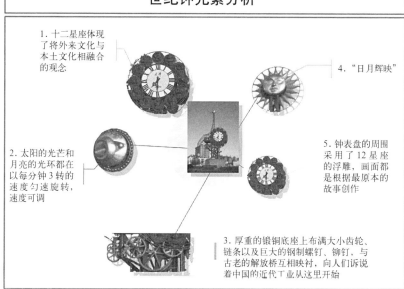

图 10-29 世纪钟要素提炼

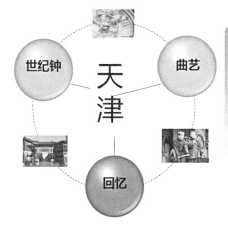

图 10-30 世纪钟宏观设计思路

设计思路

1. 以望闻问切为思路
   - 紧紧贴近天津历史与生活
   - 从人们心中的天津切入

2. 旅游产品的实质
   - 当地特色
   - 二次回顾

3. 以标志性建筑物为载体
   - 要有天津特色
   - 体现包容与发展

由对天津民俗文化特色"望、闻、问、切"寻找到世纪钟元素设计开发的深层意义。以此为基础，确立设计目的与设计方向。

最终在系统性设计方法与形态创新设计的理论方法指引下，获得设计结论。

设计方案及说明：

图 10-31 世纪钟设计推导

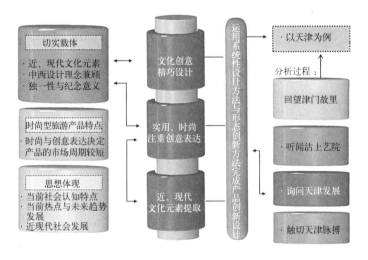

图 10-32 世纪钟设计结论

10 旅游产品设计创意理论

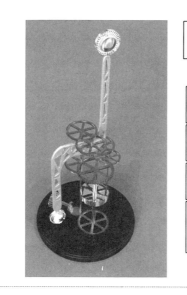

方案一："钟声响起之时"
——音乐播放器

以对时间的追忆为设计主轴

日月同辉进行形态简化处理，寓意天津未来的蓬勃发展

S型支架，与太极暗合，寓意天人合一，作为音量调节

当音箱启动时，齿轮之间相互咬合转动，寓意天津时代的年轮经久不息

图 10-33　设计实践案例："世纪钟"音乐播放器

方案二："津钟报食"
——冰箱贴设计

冰箱贴、计时器、钟表三种功能整合并与世纪钟的本意相符

计时器设计：世纪钟造型具有天津民俗文化地域特色，计时器形态设计融合了世纪钟核心要素同时加入新的设计要素

计量器的使用方式：用手轻拨后方连动臂一周，计时 60 秒。两周计时 120 秒

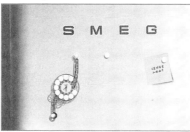

表盘上方的白色磁贴可自由取下，方便记录食品保质日期与生活琐事

方案注重实用性与创意表达，是近、现代文化创意旅游产品的较核心特征

图 10-34　设计实践案例："世纪钟"计时器磁铁

10.3 传统手工艺类旅游产品发展综述

相对于运用传统民俗元素进行创新性设计整合的旅游产品和以近、现代文化发展为依托的创意时尚型旅游产品，传统手工艺品自身作为旅游产品的商业价值体现与新的商业潜能开发，同样迫在眉睫。中国很多百年甚至千年的文化传承都挤在生存的独木桥上举步维艰。在政府与社会大力扶植的今天仍有很多独特的民俗文化消失、绝迹。创新型旅游产品设计可以推动民俗文化向前发展，为其更好地适应社会需要提供源动力，但却不能替代百年传承的民俗技艺而独立存在。对民俗文化资源创意设计的源泉仍来自其本身的蓬勃发展。人们只有深刻地认识文化、理解文化、尊重文化，才能不仅仅以赏玩的轻浮心态去接受民俗文化的创新性设计。

对于传统手工艺品的开发策略在上篇中已做了较全面的分析。此节将结合更多的产品实例对其进行分析总结。

10.3.1 多样性民俗文化传承下的传统手工艺品

传统手工艺品植根于民俗文化，如剪纸艺术在中国就有包括广灵染色剪纸在内的几十种之多，其他如刺绣、木雕、砖雕、竹刻、泥塑等民间艺术因出处不同而各具特色，其产生的民间工艺品更是这些民间艺术的精华体现。但传统手工艺品绝不等同于某个门类的民间艺术，而民间艺术又仅仅为民间文化的物化形式。民间艺术的生存发展或者演变传承，更深刻地受到了民间社会形态发展演变的影响。民间艺术的消失与衰落，缘于民间文化、民间生活形态的演变和发展。追根溯源，民间艺术的严峻现状缘于民间文化与民间生活传统形态背景的缺失。中国传统婚礼习俗对新娘的着装要求极高，所有刺绣、图案均有严格标准。由秤杆挑红盖头的习俗同样有着深厚的文化背景，秤杆表达称心如意，盖头传达的新人相见前的羞赧、期待、新娘面对全新生活的美好寓意等，这些蕴含了诸多旧时人们智慧的习俗、民间文化，正是基于当时人们的生活形态而产生的。时至今日，已经不可能有到了婚礼时才能互相见面，完全陌生的新人。女性也不再是旧社会中缺少家庭地位的附属品。秤杆挑红盖头的习俗，如若缺少了文化存在的生活形态，这一民间习俗将最终消失于人们的生活。

对民俗文化的保护，既要有传承又要有发展。传承，是对传统文化精髓的继承发扬。它既包括了文化物质的表达形式，更涵盖了围绕物化形式而存在的文化渊源和对当时人们生活形态的描述与分析。发展，则需要充分考虑当前社会意识形态,作为社会人的生活状态和文化发展趋势,而后融入恰当的分析思考方式,获得既保有传统文化精髓又具有时代创新性的文化物化存在形式。

传统手工艺品是民间艺术更为直接和具体的表现形式,是民间艺术转化其经济价值的最直接方式。同时,传统手工艺品是艺术形态的直接体现,又是当时民众社会活动的一个组成部分,与人类生存的各个领域无不发生联系,涉及精神生活和物质生活的许多方面。传统手工艺品的这些特质,确定了对传统文化物化存在形式的创新设计中,它是必须要保留与传承下去的文化精髓表达方式之一,并且是极其重要的文化载体。

10.3.2 传统手工艺品的价值体现

传统手工艺品其文化的价值体现是手工艺人劳动的不可复制性。以淮阳泥泥狗为例,淮阳泥泥狗是为纪念伏羲、女娲抟土造人育万物而制,是伴随着宗教祭祀和古老民俗而诞生并绵延流传至今,被誉为"活化石",是中国远古时期流传下来的生殖崇拜象征,是民俗文化中的极为罕见且具有代表性的传统手工艺品。

淮阳泥泥狗的制作工艺,很多都依赖于祖辈口传心授。在第一步打泥阶段,要用大木棒一遍遍捶打从地下挖出来的湿胶泥块。如果是干胶泥块,还需要不断喷水,再和泥、捶泥。泥土粉碎得是否细腻,喷多少水,泥块的软硬度以及捶打的是否到位,都需要手工艺人凭借经验去判断。在"点花"阶段,手工艺人要用高粱秆点画出不同的花纹。根据其自身喜好的不同,画出的花纹也各具特色。舒展圆润、严谨内敛,各种笔法灵活多变。制作"泥泥狗"的手工艺人,经过长辈口传心授,学会了传统式样的泥泥狗造型,结合工艺特征将会在原有基础上进行新造型的叠加。由这一传统手工艺的分析,可以看出,传统手工艺产品的最大价值,正是其手工技艺的不可复制性(图10-35)。

区别于现代机械化、大批量生产的工业产品,传统手工艺以精湛的技巧、深厚的文化底蕴和传统造型基础,手工艺人自身的性格、习惯、文化

图10-35 淮南泥泥狗制作过程中的"打泥、成型、点花"

背景甚至在制作工艺品时的状态，都决定着成型作品的价值和性质。如图 10-36，白发苍苍的传统手工艺人在路边售卖自制的泥泥狗。很多艺人仍习惯于作坊式制作与经营，其艺术品的价值与

图 10-36 中国传统文化的"活化石"淮阳泥泥狗

独特魅力尽显其中，相应的，落后的营销模式、低廉的收益率等原因又严重制约着这一手工技艺的发展。

10.3.3 传统手工艺品的创意设计

传统手工艺品的加工过程往往是其文化生活的最直接体现。虽然很多传统手工艺品因其存在的文化、生活形式、习俗背景发生改变而面临手工艺人后继乏人的局面，但传统文化的精髓仍饱含于劳动人民的漫长历史发展中，通过总结生活经验的点点滴滴积累而成。被称为"活化石"的淮阳泥泥狗，若不再采用当地的泥胶块，不再以高粱秆点花，手工捏制成形，不再是锅底灰加骨胶等一些纯天然染料熬制着色，那么传统文化仅以泥泥狗的独特形态去承载，又如何担得起"活化石"的称号。依托传统文化而存在的创新型旅游产品，其根本还是文化的传承。

如图 10-37 是对淮阳泥泥狗的成功再设计。依托于泥泥狗的传统工艺、形态特征，结合现代设计理念成型的创新型旅游产品能够为这一市场注入强大的生命力。但如果没有人们对泥泥狗文化的深刻理解，没有意识到泥泥狗蕴含的历史悠久的劳动人民智慧和对美好生活的期待，则这两个设计的深层文化内涵也将大打折扣。只有作为根而存在的文化生机勃勃，才能使由它而衍生存在的创新设计枝繁叶

图 10-37 泥泥狗十二生肖元素提取设计

茂、蓬勃发展。

　　对传统手工艺品的创意设计，需要极为谨慎地对待其工艺流程和与之相关的文化背景。山西平遥推光漆器素以制作工序繁琐、复杂著称。在灰胎上每刷一道漆，都要先用水砂纸蘸水擦拭，擦拭毕，再用手反复推擦，直到手感光滑，再进行刷漆，多则刷七遍，少则刷六遍，其后的推擦就更细致了。先用粗水砂纸推，再用细水砂纸推，用棉布推，丝绢报，卷起一缕人发推，手蘸麻油推，手蘸豆油推，掌心反复推。凭眼力、凭心细、凭感觉、凭次数，推得漆面生辉，光洁照人。考究的工艺流程正是其核心价值的体现。对观光客而言，价位适中且易于携带的首饰盒是旅游产品的首选。但当前的推光漆器市场良莠不齐，仅从首饰盒的纹样色彩表达上，非专业人员很难发现不同之处，且推光漆器的复杂工艺也难以向用户传达。不但未能将其工艺的高品质感发扬光大，反而使一门精妙的手工技艺沦为廉价复制品。漆器大师所做的优秀作品往往陈列于博物馆、展销会，成为普通人可望而不可即的艺术品。

　　推光漆器的存在被扭曲，一方面是脱离人民群众生活，凌驾于常人之上的孤高艺术作品；另一方面则是单方面追求利润，缺少设计创新和精湛工艺的廉价复制品。对这门手工技艺而言，前者脱离生活只注重传统手艺表达的方式，只能做到被动的传承而缺少能动的发展。一门艺术的进步，得益于其根植生活，不断发展，与时俱进。反之，一味强调传统，固守陈旧规则最终难逃被人遗忘的厄运。而后者，舍弃传统手工艺的精髓，仅以推光漆器的形态特征为手段，一味地追求利益，则当消费市场由初级需求成长为高级需求时，这种传统手工艺品的存在方式也必将遭遇淘汰。中国的旅游产品市场，针对传统手工艺品，一直存在着以上两种情况。或曲高和寡，无人问津；或形式肤浅，沦为市场最底层消费品。对传统文化精髓的传承与发展，都未能发挥积极主动的作用。

　　对传统手工艺品的创意设计，从宏观层面，需做到策略清晰的传统手工艺品产业化建设。

　　包括品牌意识的建立；符合传统手工艺品文化发展背景的营销模式建立；由政府和相关管理部门参与制定的相关政策法规，实现对当地传统手工艺品的知识产权保护与合法经济权益的维护；完善的设计、策划、生产、销售产业链的建立；

　　山西平遥推光漆器的运营模式，已初步具有文化产业化发展规模。部分企业推出了"前店后厂"的营销模式，让游客在初步了解推光漆器文化背景的基础上，进入漆器加工生产的工坊，实地感受古老工艺流程的魅力。此种运营模式，不但巧妙加深了旅游者对这一文化的理解和认识，更提升了自身产品的价值,是符合其民俗文化特点的运营模式创新。但其在漆器加工工坊内的旅游者参与度、参与节奏的设计策划上存在较大失误。未能充分考虑到旅游者对不同步骤参观时可能产生的心理是否会对最终购买或理解产品产生消极影响;旅游者与手工艺人的交流也未作设计、安排,游客不知道问什么或者是漫无目的地问。既影响了手工艺人的工作,更可能因为问题涉及面过广而导致技艺者无从答起而带给游客心理消极影响。同时,过于平铺直叙的引导方式,也使得这一门古老技艺变得平淡无奇,缺少吸引力。游客在参观完一整套工序后,往往直接感受为:廉价、破旧、手工作坊,这门技艺如此而已等一系列消极感受,"前店后厂"的运营模式反而起到了相反的效果。对传统手工艺品的产业化模式设计,包含了每一个文化价值得以体现的过程。运营模式的创新,同样需要系统性的设计与策划。

对传统手工艺品的创意设计,在微观层面,则需要准确掌握传统手工艺品如何在产品的外延表达上更具有时代感与创意性。

其最直接的表达就是产品的包装、宣传图册等一整套标识设计与系列化方式的运用。

福州漆筷距今已有百年历史。相比于日本、韩国有不同的文化诉求,福州漆器的加工工艺、形态、材质、色彩,细节表达等方面都具有极其优秀的品质。将传统文化元素与现代时尚元素相结合,以系统性设计方法对元素进行打散、重构,最终获得具有中国浓郁文化特色的包装设计,更准确地表达出福州漆筷的精湛工艺与高贵品质。

与之相对应,中国有很多历史悠久,工艺精湛的传统手工艺品,但仅仅注重工艺品本身的表达,却忽视了与之相关的周边元素设计。

面塑,细节表达生动,色彩艳丽。造型具有浓郁的民族特色,粗犷、奔放。如此优秀的手工艺品在展示给游客时仅有最简单的托盘,甚至"净身出户"。缺少工艺品的相关外延设计,不但使自身价值大打折扣,更因为面塑本身为纯粹的传统文化体现,缺少现代要素而拉大了旅游者与传统手工艺品间的距离。游客考虑购买时,将会对其产生定位模糊。作为工艺品摆放于家中,会和整体家居风格脱节。而工艺品本身大多也不具有更多使用功能。这样的商品定位直接导致面塑作品与市场的脱节。

内蒙古的皮画,从材料选

图10-38 民俗手工艺面塑

择到艺术表达形式，都具有极其浓郁的民族特色。同为内蒙古特色手工艺术品的沙画艺术，选择作画的沙粒源自本土，制作工艺复杂，艺术表现力强，具有极其强烈的地域特色和纪念意义。但是两种类型的手工艺作品，都以完全没有设计元素的画架直接镶嵌表达，使原本价值极高的艺术品瞬间沦为工业化批量生产的装饰艺术画。

同时，皮画与沙画的绘画原材料也具有极强特色，对其外延表达的设计开发，可将材质的选择、与之相关的文化背景等内容以图鉴、标签甚至附赠以此为蓝本的图书故事的形式加以说明。使用户可以更大层面上理解此传统手工艺品的深厚文化底蕴。

对传统手工艺类旅游产品的创意，既要尊重其文化发展背景，不能脱离文化存在的生活形式，又要适度地运用现代创意设计理论将古老的文化精髓与现代人的审美需求相联系。这就需要对传统手工艺品的创意既要保证在宏观层面上，创意产业链的完整以及实现产业建设的各个步骤如何合理运作，又要保证在微观层面上，对传统手工艺品的外延表达做出灵活多变的设计构思，增加其现代感与设计性，更好地满足市场需要，发挥出更大的经济潜质。

10.4 旅游产品系列化途径理论综述

系列化设计思维将传统模式的从单一产品的焦点式扩展到由产品构成的系统的概念，多元化多角度地考虑设计的切入点。如"日本战国武将人偶"系列旅游产品，在一个统一的主题下，延展出不同的人物。

对于民俗文化的旅游产品设计的思考，大致应该基于两个方面，即旅游产品的两种系列化方向：

一种是单一的针对一种主体意义的旅游产品而言，寻找相关联的地域性传统民俗文化元素，并且将这些民俗文化元素进行系列划分，结合设计运用在旅游产品上，形成游客对于当地民俗文化的系列化、系统化印象。

一种是根据特定景区鲜明的文化特色，抽取出值得游客留恋回味的文化元素，并将其形态化后，整合入某一组旅游产品当中，使这些旅游产品形成在某一品牌，某一功能范围内的系列化、系统化印象。

旅游产品设计方案一：设计实践案例：妈祖文化可旋转茶海

如前文中图 8-13，将天津妈祖文化与中国的茶文化结合起来，制作一系列茶海设计，底盘为日月之形，也有海上升明月的寓意。通过造型与图示的辅助，把海神妈祖的伟大形象通过海浪和云纹的烘托表现得更加淋漓尽致。向世人展示了妈祖娘娘的福泽天下与恩泽四方。细节的图形则提取妈祖娘娘霞帔上仙草仙芝的纹样，使其更具妈祖文化特色。此设计方案获得 2009 年天津市第二届文化创意设计大赛一等奖。

旅游产品设计方案二：设计实践案例：杨柳青年画元素办公用品

如前文图 8-15，本作品汲取杨柳青年画元素进行设计，恰到好处地运用于当代社会的文化用品之上，笔筒以古代宫灯造型为范本加以必要的变形，尽可能贴近现代节奏的简化线条以达到最简洁的视觉效果，结合杨柳青年画隽秀艳丽的色彩表现方式，体现底蕴浓烈的笔筒文化，并且意在打破空乏的办公空间，使人们繁忙的办公学习得到缓解之余，又愉悦了视觉感受。名片夹的设计提取了杨柳青年画中"莲"的元素。此设计方案已获得 2009 年天津市第二届文化创意设计大赛二等奖。

通过以上两个实践设计案例的分析，我们了解了地域性民俗文化的旅游产品设计系统化的基本途径。仍然需要对当地民俗文化元素分纵向、横向两个角度加以提炼和归纳，当然这种提炼和归纳必须建立在对地域性的民俗文化的内容做深刻调研并加以理解的基础之上。

以对天津的地域性民俗文化分析为例，其旅游产品的系列化途径可概括为横向思维与纵向思维两大维度。

横向思维——漕运文化、盐商文化、宫廷文化、饮食文化、军旅文化、帮派文化、宗教文化、曲艺文化等这些文化都包含在天津这座城市多少年来的文化血脉当中。如果说把天津文化比做一条坐标轴的话，那么这些独特的文化便是点缀在这根轴线上的坐标点，当然并不是每个文化单单代表一个坐标点，而是一些坐标点一起共同构成了一种文化，他们和谐地分布在这条轴线上。

当然这条文化的轴线可以代表时间，这些看似不一样的文化能够在历史的洗礼下和谐共生，相互碰撞出精彩的火花。而如果我们把它看成是天津民俗文化的系列化思考主要轴线，这条轴线对我们的系列化思考将更具指导意义。我们可以轴线为基础，画出它的纵向坐标轴，这条纵向轴将已经确定后的不同类别的旅游产品种类（比如在这条轴线上依次排列着"办公用品"、"酒具"、"厨房用品"等）顺序列出，我们可以根据特定需要去寻找坐标轴上某些文化和某一特定产品间（如图 10-39 框①部分）或者是某些系列产品和某一特定文化间（如图 10-39 框②部分）的交点，从而更加明确系列设计的深入方向。

纵向思维——要专门针对一种传统民俗文化特色做详细总结，包括它的历史文化渊源，它独具吸引力的历史文化故事，它的特色的群体性活动，还有它传承过程中所创造的一切独一无二的文化艺术品。这些层面共同构成在

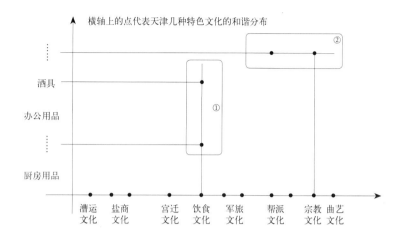

图 10-39 天津民俗文化与旅游产品的系列化坐标

这一专门的传统文化系统之中。以饮食文化为例，通过民间调研和参考文献，我们了解到天津的饮食文化是宫廷饮食文化和民间小吃相互融合的结果，并一定程度上包含着一些舶来品。这其中的"天津三绝"就各自讲述着一段它们独特的发生、发展史。如今，这些东西已经不只是具象的故事和形状，更需要通过旅游产品这一载体作为故事讲述者的身份出现，在这里，它们是在为游客讲述自己的故事。纵向思维的轴线上，我们为其赋予的物质或非物质载体将是多种多样的。留声机能够实现对古老文化的讲述、对经典曲艺的直接留存。而留声机的形式与功能创新，结合系统性设计思维，将被注入具有时代气息和符合现代人审美需求、物理需求、心理需求等更加复杂、多样化的内涵。旅游产品的系列化变得有方法可依，有思路可循。

一个旅游产品的设计研发，同时伴随着具有更强前瞻性逻辑思维的系列化设计发展策略，为旅游产品的创新与提升自身经济价值、延长产品的生命周期都提供了重要、可靠的理论支持。

10.5 创意旅游产品设计开发完整步骤解析

目前的旅游产品无论按门类、特点、材质还是按用户特点、国家或地区特点，都难以理清一条系统、宏观的设计开发方式方法的思路。各个国家和地区的旅游产品种类繁杂、质量参差不齐并且发展也不均衡。对旅游产品的研究，更多面向现状进行分析，后对比优缺点，得出结论。真正针对如何进行旅游产品设计与开发的理论研究却相对较少。

无论是以现代设计理念为基础，结合传统民俗元素而成的创新设计类旅游产品，还是运用传统手工技艺制作的拥有悠久历史的传统手工艺类旅游产品，又或者是纯粹的时代产物，运用现代设计理念与现代造型元素构成的时尚类旅游产品以及一些将传统工艺应用于现代元素的新兴旅游产品，其根本原则都是牢牢把握住"现代的求新、求异"与"传统的礼仪、秀雅"二者间主次关系的互动。

10.5.1 设计定位分析

中国地方区域民俗虽然特色明显，但一个地域的文化往往设计视角众多，着手困难。如果机械地将地域性民俗与旅游产品设计相结合，不仅不能形成特色，而且秩序混乱，更达不到成为城市形象宣传名片的目的。利用系统性思维，有步骤地完成对民俗文化的分析、取材以及对旅游产品开发方向、开发重点等方面的确立，将混乱的元素条理化、多元的视角围绕主线进行有步骤地观察思考，使不同地域民俗文化真正成为旅游产品产业开发的品牌号召力，成为著名景区和地域特点的标志。系统性思维使我们处理问题的视角从设计的小系统升华为平衡人、产品和环境三者的大系统。

旅游产品开发的设计定位分析

由旅游产品的涵义分析可知：非传统手工艺类旅游产品首先作为商品而存在。因此它也具有了对于工业产品开发的一切特性，也就是"使用者、使用环境"两人要素对设计的影响。

对于使用者而言，不同的用户会产生不同的需求。这些需求的产生由用户的性格、生活方式、文化背景以及行为习惯、消费目的等因素共同影响，因此，即使是同一件旅游产品分别被几位老人购买，其购买动机也可能因某些影响需求的因素不同而有所区别。

旅游产品需求分析：

旅游者的购物动机根据其共性的特点，一般可概括性分为：

①实用动机

尽管购买者的背景、风俗、地域和喜好都不同，但对于物品的品质、品牌、实用性和功能性等常常是考虑并决定购买与否的最基本的标准。自己使用、收藏或是馈赠亲友等，往往会考虑是否能在生活中用到或做装饰品摆设。老年人是最倾向于所买物品的实用性的消费群体，价钱和轻便易携带也是他们决定是否购买的要素之一。如果游人到了山东，购买以祥瑞题材为主的年画当然是必不可少的。精美的制作、吉祥的符号、祥禽瑞兽和花鸟等组成的博古式的图案及文字，在喜庆的节日里更是增添了几分欢乐祥和的气氛，并且轻便可带。

②馈赠动机

通过旅游产品使家人和亲友分享旅游乐趣，表情达意。有些纪念品在当地也有可能能够买到，但是从旅游胜地带回的原汁原味的礼物更具有情趣，别具一番意义，馈赠也是对亲朋的礼貌和情谊。色彩丰富和谐、多以表示吉祥如意为寓意象征的南京云锦、山东鲁绣、临沂地区民间的虎头鞋等，都极具浓郁的地域风情和文化特征。西方及日本等国家，若出去旅游回来却没带礼物，会被认为是没礼貌的表现。

③新异动机

满足追新求异、猎奇、展现个性的心理需要。每个人都会有好奇心，对于异国或异地的新奇风俗、习惯的好奇抑或是喜爱，会购买当地新奇的旅游产品作为珍贵记忆的见证。若是纪念品的造型、材质、装饰元素等方面极具当地特色，品质正宗、并有价格优势的话，旅游者自然愿意购买。西藏的哈达、云南的蜡染布、海南的椰子、九寨的藏饰，甚至是草帽竹筐等，都是能够出奇出新的旅游产品。

④价值动机

注重商品的质量和价值，旨在买到正宗的、货真价实的当地特色商品。以我们日常生活中的餐饮厨炊用具为例，不同地区由于民族和地域、历史人文背景等因素的不同，其造型、材质、工艺等也是各具特色的。在四川凉山地区，彝族人最爱用装饰意味十足的漆木碗，在黑色生漆的底子上饰以红、黄两色的饰纹，明艳而富有少数民族特色。

⑤文化动机

满足求知、提高艺术修养的需要。一些文人学者或是对古玩字画及其热衷的爱好者，对于品质优良的古玩字画等具有文化内涵和品位的纪念品都是爱不释手，或收藏或馈赠对此有爱好的亲朋，当然是绝好选择。

⑥享受动机

追求舒适、方便、享受，增加旅途乐趣。

⑦纪念动机

追求旅游产品的纪念意义和纪念价值，通过产品实现"引起兴趣，引起追忆进而引起联想"。

这是旅游者最普遍、最主要的购物动机。旅游者一般将其留作到某地后的美好旅行回忆的纪念，并可以得到人们的羡慕和尊敬。旅游者的购物行为是一种典型的情感性购买行为或感性消费行为。购买旅游产品的目的可以统称为：通过消费获得精神的愉悦舒适、个性与优越感的满足等。有了对旅游者购买动机的分析，我们就可以利用系统性的思维方式，对不同旅游人群（使用者），购买旅游产品的不同目的，逐层地展开系统分析，实现对相关旅游产品的准确开发。

对目标人群的分析，我们可分为：

不同年龄的用户——青年人与老人对旅游产品的情感诉求以及风格追求受到年龄、心理以及阅历等因素的影响，存在不同的趋向（图10-40）。

不同收入的用户——收入高低直接影响其所选择的旅游产品价格范围。同一品牌产品开发就需要考虑不同价格区间的产品特点以及不同的设计诉求点。如物美价廉的产品具有小巧、精致，个性化强，地域代表性强等特征，而高品质的旅游产品则多表现为品牌效应强、知名度高，包装精致，工艺性高等特征。针对不同收入层的用户进行纪念品开发需考虑到与之对应的产品特性。

不同馈赠对象——旅游产品很大程度上还要考虑到用户的馈赠动机。如买回来送给领导、家人、朋友、爱人，这些不同的馈赠动机很大程度上影响了用户选择旅游产品的风格与类别。

不同旅行动机——如蜜月旅游，为爱情之旅；追寻心中某个信仰之地，为信仰之旅；为某个知名景区慕名而来，为休闲之旅，这些不同的旅游动机也极大程度上影响着旅游者购买纪念品的类别（图10-41～图10-43）。针对不同的购买动机，旅游产品所具有的语意也会有所侧重。

图10-40 青年与老人的情感诉求（左）
图10-41 爱情之旅——可定制情侣照片的杯子（右）

图10-42 信仰之旅（左）
图10-43 休闲之旅（右）

基于以上的分类，我们可以对目前已有的具有中国文化因素的旅游产品的用户消费行为进行分析（表10-1）。

旅游产品用户消费行为分析　　　　　　表10-1

		海南岛服装	福建漳州木偶	云南民族小挎包
			竹初木偶—吕岳	
购买之前	期待	海南民族特色浓郁，把这次旅行和自身体验充分结合	福建民族特色浓郁	云南民族特色浓郁
	预想	自我收藏	自我收藏与赠送亲友	自我收藏与赠送亲友
购买之时	瞬间吸引度	色彩鲜艳，瞬间让人心情轻松愉悦	面目生动传神，色彩明亮，吸引力强	色彩与造型美感一般
	特色分析	地域特色明显	漳州著名的手工艺品，地域特色明显	地方色彩明显，民族风情浓郁，但目前全国各地仿效品较多
	价值分析	有一定实用价值和观赏价值，可接受中低等价位	有较强观赏价值，可接受中高等价位	有一定实用价值与观赏价值，可接受中低等价位
	性格偏爱	适合性格开朗、热爱户外的消费者购买	适合对艺术有较强鉴赏力的消费者购买	适合喜爱云南风情的柔美女性购买
购买之后	携带方便	携带便捷	体积较大，携带有一定困难	携带便捷
	可用性	具备实用性	具备观赏性	具备实用性
	保值	保值性一般	保值性较强	保值性中等
	回味	具备用户专属的体验回顾功能	不具备明显的用户专属的体验回顾功能	初具明显的用户专属的体验回顾功能
	可买指数			

对于使用环境而言，旅游产品不同于普通的工业产品。由对旅游产品的需求分析可知，当旅游产品被带离旅游地时，其最重要的购买需求就是对旅游地的回忆、联想。"达意·传神"的设计能够为使用者重塑旅游时的情境，在此基础上，产品的使用环境才能更好地发挥作用。对于旅游产品，产品的使用环境常常影响旅游产品的开发类别。如利用杨柳青年画的元素设计一款使用环境在汽车中的旅游产品，则这一大环境就决定了最终

的产品类别，可能是各种车载饰品或具有实用功能的车内用品。如果利用同样的文化元素设计一款使用环境为"中国普通民居客厅中"的旅游产品，则受环境因素的影响，产品类别可能为餐桌饰品摆件、小杂物整理容器甚至是温度计等一切可能出现在客厅中的器物。在系统性设计思维的引导下，对旅游产品的开发，使用环境将与具体使用者相对应，作为事系统存在的"情境"要素之一发挥作用。在事系统中，"情境"包括物存在的时间、空间以及由主体人、物，营造出的带有情感描述的事件和由此事件传达的行为意义。

我们利用第一人称带入的方式，将系统分析建立在对某件具体事件的描述上，其中包括"使用者"在何种情境之下完成旅游产品的使用目的。利用"情境"带入的方式，我们可以实现对旅游产品更加具体细致的类别划分以及设计风格的确定。通过不同的"情境"描述，我们可以实现用同一民俗文化元素实现不同类别旅游产品的设计开发，将民俗文化资源更加充分地利用。

10.5.2　构建叙事性情境

1）确定设计的"事系统"，明确设计目的

建立在对物设计基础上的系统性设计思维，是对"理""事""情"三者相对关系的思考。在《原诗》内篇中提到"云之态以万计，无一同也。以至云之色相、云之性情，无一同也。……此天地自然之文，至工也。"（《原诗》内篇）现实美是自然的，因而是变化万千，丰富多彩没有一个固定模式的。因此，对某物的设计，我们将围绕该物构成的"事系统"，按照它们的自身性质适度权衡设计中的"理"与"情"各占多大的分量，对设计产生怎样的影响，而不是机械地一概而论之。由对不同的事的分析确立不同的"理"与"情"。

2）基于动态情境假设的叙事性设计方法解析

（1）何为叙事性设计

叙事设计就是讲故事，其中的"事"则是一种超越语言和文字的情感共鸣。叙事性设计强调事件发生中构成"事系统"的各个要素是如何相互影响、共同作用的。构成一个"事系统"的要素有人、物、时间、空间、行为与信息。当事件发生时，各个要素间将产生或单一或错综复杂的联系，叙事性设计的价值在于通过"事系统"的作用，使用户能在产品使用过程中获得更深刻的情感交互体验。并且借由用户本身也成为"事件"构成要素之一，其获得的产品功能价值、情感价值甚至对生活方式的逐渐渗透而带来的心理体验、道德引导、社会地位体现等诸多衍生价值，都将通过在设计展开之初，对"叙事性情境"的把控而逐步实现。设计的"适度性"体现在对用户生活的关注。通过具有针对性的小众化人群的叙事性情境分析，获得产品贴近生活、服务生活、引导生活的存在价值与开发方向。如同日本设计师深泽直人的"无意识设计"，举手投足间用户已实现了甚至自己都未曾觉察的潜在需求。

（2）动态情境假设理论分析

动态情境假设是将一系列经过分析得出的关键元素，结合"事系统"中的各要素关系而构建出的具有明确情感指示性的"动态发展中的故事"。最终的设计结论将借由对这个故事的分析而得出相应的设计切入点并最终实现设计与人的更深度交互。

（3）构建叙事情境

静态叙事性情境表达

①静态叙事性形态

语言学角度的静态叙事性表达在于通过语言文字能够清晰地感受"时间的流动"。而产品在作为单体物，未与其构成的"事系统"中的其他要素发生关系时，其叙事性主要体现为"静态的叙事性形态"。龙迪勇研究员在其关于"图像叙事：空间的时间化"研究中，强调"单一场景叙述要求艺术家在其创造的图像作品中，把'最富于孕育性的顷刻'通过某个单一场景表现出来，以暗示出事件的前因后果，从而让观者在意识中完成一个叙事过程。"其核心思想是"由图像表现出时间的流动"。图像的概念意义不同于形态，形态包括产品的形状、色彩、材质以及存在的状态等一系列因素，而产品要完成静态的叙事性表达，同样需要通过形态设计传达出时间的流动性，借由"形态表达"实现受众对时间流动的感知。静态叙事性形态强调产品未与用户发生深层交互体验的静止形态表达阶段。

图10-44中两款家具设计，通过被拉开或正要被拉上这两种融入拉链元素的状态设计，传达出对时间流动的感受。虽然产品是静止的，但它带给人的感受却是它将随时间发生各种状态的改变。这种改变等同于产品对"事"的描述，对自身与受众之间发生情感共鸣的事的表达。

由形态直接传达出纸张在打印机中"流动"完成被打印的过程，体现出一种由静止形态实现的时间流动感。"静态叙事性形态"的设计实现，关键在于对"最富于孕育性的顷刻"的把握。"伊奈恩"电脑打印机抓住了纸张被打印时，如清水滑过般流畅、安静的时刻。这一结合了设计修辞的静态图景描述也正是打印机工作过程中的"孕育性顷刻"。善于抓住最能打动人的"孕育性顷刻"，去表达静止产品形态，将是"产品适度性存在"的关键。

②静态叙事性情境

与叙事性形态不同，静态叙事性情境突出产品作为"事系统"要素的

图 10-44 动态家具设计（左）
图 10-45 "伊奈恩"电脑打印机设计（右）

同时，由人、时间、空间以及行为信息构成的其他要素也将参与到叙事性事件的构成过程。对"孕育性顷刻"的表达将更加深刻，各要素间的关系也将更错综复杂。对"静态叙事性情境"中"境"的表达，王昌龄的《诗格》中讲"搜求于象，心入于境，神会于物，因心而得。"从象中来而生于象外，中国古典美学中之"象"乃是对事物本体与生命的概括。"象"不等同于"设计之形象"，也就是设计的本体物。"象"所体现的本体与生命具有时间与空间的流动性、有人与之发生关系后产生的行为与信息。因此，古典"象"文化引申到设计领域，其变化后的意义更接近于"事系统"。"心入于境，神会于物，因心而得"强调的是人只有借由"事系统"构建的情境中提供的各种信息要素，在我们头脑中激起具有关联意义的图景，实现"心入于境"，而后经过我们不同的文化背景、认知经验、情感要素等的影响，对这些图景符号进行重新排列，最终完成事系统在我们大脑中的重新编译。每个人对产品的理解，也因为所构筑的叙事性情境的不同而各有差别。所谓"缘境不尽曰情"用户对产品所产生之情正是由"境"引发的。

静态叙事性情境的建立，通过某个单一情境表达出"最富孕育性顷刻"，运用设计修辞的各种手法，暗示出所叙述之"事"的前因后果以及所要传达的信息与意义。与单纯的静止形态的叙事性表达不同，静态叙事性情境更强调"境"的意义。产品作为产生"境"的事系统构成要素之一，需要和其他要素发生关系，产生相互影响，才能最终构成完整的"事件"。如这款"海上日出"灯具，产品脱离了与之发生关系的桌面，将难以产生"海上日出"这一特定"情境"。

动态叙事性情境表达

通过对"孕育性顷刻"的静止形态表达，到运用构成"事系统"的诸多叙事性要素共同作用，构成静态叙事性情境，产品的适度性设计正在经历着逐层递进的发展。动态叙事性情境的建立，将能够最终实现用户与产品的深层情感交互，以及产品对人生活方式、态度的引导。其动态特性，主要体现在构成事件的各要素"人、产品、时间与空间、行为与信息"将

图 10-46 "海上日出"灯具设计(左)
图 10-47 深泽直人的 CD 播放器(右)

随着事件的发展而产生动态变化。这种变化既包括人的使用状态、心理要素的改变,也包括产品形态的变化,时间与空间的演进,行为与信息的更迭。人与产品之间的关系上升到"产品引导人建立新生活理念""人在使用产品的过程中体会到如同戏剧发展般的由平淡突然产生激烈矛盾冲突的高潮""人与产品产生如诗歌般赋有情感的相互倾诉",这些听起来近乎天方夜谭的故事的确发生在当前优秀的产品设计之中。如此款深泽直人的经典设计——CD 播放器,用设计隐喻的手法,将人们对记忆中的老式拉绳风扇的熟悉感移驾到当时尚处时代先锋的 CD 播放器设计之中(图 10-47)。当用户抱着试一试的态度,拉动拉绳的时候,如同吹到和煦的风一般的音乐飘散而出。人在从使用产品前到使用中直至结束操作动作的全过程,情感都在发生微妙的变化。由怀旧感到产品易于操作,用户对产品产生了初步的亲和之感。最终吹出了音乐而不是本来以为的"风",故事至此走入高潮却又戛然而止,用户的情随着"境"的变化而跌宕起伏。动态情境的建立使用户实现了深层情感交互。

基于动态情境下的产品设计思维避免了过度装饰或复杂功能带给用户的过量信息与认知疲劳,适度性设计立足于用户与产品发生的故事,从中抽丝剥茧,完成用户与产品共筑的动态叙事情境。

(4)叙事性设计方法步骤分析

叙事性情境表达运用设计修辞手法,为所要讲述的"故事"赋予恰当的情感倾向。借助对"事系统"中关键要素的拓展,完成"动态性情境"的建立。在这一相关情境中,产品设计的一系列逻辑关系将最终决定其存在的形式与传达的意义。对于"孕育性顷刻"的捕捉,事系统中各要素作用关系逐渐升级的"情境"描述,都是叙事性设计方法完成适度设计的关键。本文将从以下六个步骤试论叙事性设计方法如何完成创意设计。

①确定设计主题或发现设计问题；

以开发一款突出"节能、环保"主题的碎纸机设计为例，我们确定的设计主题为"节能、环保"，经过引申后对如何突出节能、环保，提出假设：人在使用此款机器时能否实现"自主建立环保意识"的目的？

②定义关键元素；

对发现的问题或设计主题进行准确描述后，我们要在这种"非专业、非理性"的描述中，提炼出用于设计的专业、理性元素。如对节能环保的意义引申，使人容易联想到"生命"。纸的原料体现的不可再生资源与生命的不可重复性在意义上近似，运动的生命与可再生资源的循环在意义上近似。"生命"的多意性将使碎纸机工作过程的剖析具有更丰富的语意。

③明确设计目的；

以对"时间"的设计主题为例，不同的人（或主体）、在不同的情境中、以可能的条件和手段，实现"需要时间"的目的。对"时间"的设计理念高于对"钟表"的设计。某个钟表的设计只是实现目的的手段而不是目的本身。对碎纸机的设计，其根本目的是：体现"生命"主题，节省纸资源和打碎纸张。

④对关键语做语意拓展，挖掘可被开发的设计元素；

围绕"生命"和"碎纸"两大关键语，我们可拓展出"生命"与人的认知经验关联下产生"初生的嫩芽、沙漠中的一滴水"等形象，与文化符码相关联则有：道（本体和生命）太极（阴阳两极的运动产生生命），金木水火土（万物形成的基本构成要素——暗指生命之本源）等；

碎纸可得出绞碎、撕碎等实现途径，碎纸后将得到纸屑垃圾等不同结果。

⑤提炼关键元素；

与"生命"关联：初生的嫩芽；沙漠中的一滴水等；道（本体和生命）太极（阴阳两极的运动产生生命），金木水火土（万物形成的基本构成要素）等；

与"纸"相关联：很薄的树叶；手工折纸；书；树木；纸屑垃圾等；

⑥结合设计主题与提炼出的关键元素中的某一点或某几点，构建动态情境。

如"水"具有清澈的、流动的、生命的、环抱的等特征，则叙事情境是建立在和这个特征有密切语意联系的"动态情境"去思考。对以体现"生命"主题、引导人节省纸资源为目的的碎纸机设计，则可由以上步骤分析得出相关动态情境。

动态情景假设一：体现"生命"的律动——运动的太极，隐约可见的阴阳两极最终形成混沌，一个新的生命呼之欲出。

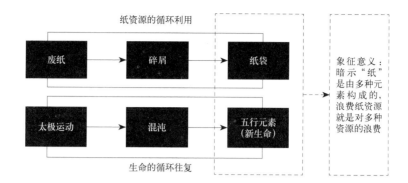

图 10-48 太极碎纸机设计推导

动态情景假设二：体现"碎纸"的运动过程——废纸经由碎纸设备产生纸屑，均匀地被搅动着。

将此动态情境进行整合后得出：废纸从由太极元素演变而来的碎纸机主形体进入，被切削的碎纸屑如太极运动一般形成"混沌"状态，象征着碎纸过程如同生命归于本源。混沌状态下，"生命的再生"象征意义呼之欲出。运用"金木水火土"构成万物的五种元素，完成碎纸机碎纸后出现标有五大元素的纸袋设计。

最终明确设计方案为"太极"碎纸机（图 10-48）。

"我们常说的设计'杯子'，实际上是为了解决人喝水的问题，所以更应该考虑不同的人在不同的时间里，不同的环境中，以可能的条件和手段，实现'喝水'这件事。杯子只是实现目的的手段而不是目的。"杯子这个物是为了带入"喝水"这件事。系统性设计思维首先是在设计之初确立"明确的设计目的"。对旅游产品而言，根据购买人群的不同以及人们购买旅游产品的动机，我们的设计与开发的目的可对应为：

实用性目的；收藏目的；炫耀性目的；享受目的；纪念目的；追新求异目的；学习文化知识目的等；

不同的购买人群具有不同的目的，情感需求是剖析这些目的的核心。依托天津民俗文化元素实现旅游产品的设计开发，无论是基于产品的实用性目的还是由于民间工艺的精湛而具有的收藏性目的、炫耀性目的，利用系统性设计思维，建立合理的事系统，都能为相应的旅游产品开发找到准确的思考方向。

系统性思维方式展开

利用系统性思维方式，对旅游产品的开发步骤为：通过对购买旅游产品目的以及民俗文化的分析，确定设计的"事系统"进而明确设计目的。分析民俗文化符号的情感倾向意义倾向与特性，确立"事系统"的发生环境，进而设计相关情景（情景代入法），分析每个情景下的"事"以获得不同的设计诉求点，从而找到这个事系统中"物"得以存在的形式与意义。

文化创意与旅游产品设计

下 篇

文化创意设计实例解析

11 天津旅游产品设计宏观策略
12 文化创意设计案例解析
13 旅游产品创新设计的产业化
　发展综述

11 天津旅游产品设计宏观策略

11.1 天津旅游产品现状

目前有关旅游产品开发的研究主要集中在以下几个方面：

（1）文化品位，如李滨（2001）的"对提高旅游产品文化品位的探讨"等；

（2）特色创新，如郑红（1996）的"试论我国旅游产品的开发"，苗学玲（2004）的"旅游商品概念性定义与旅游产品的地方特色"等；

（3）市场分析，如刘蓬春（2003）的"旅游产品营销策略"等；

（4）艺术价值，如黄艺农（2000）的"旅游产品的审美特征"等；

（5）还有一些是针对某区域的开发现状及问题进行分析并提出相应对策，如赵仁平（2001）的"增强南京旅游产品开发的创新意识"等。

这些研究从不同视角对中国旅游产品的开发提出策略方法，为旅游产品市场的全面发展提出理论支持。本章则立足于利用丰富的民俗文化资源，进行对非传统手工艺类旅游产品开发设计的具体方式方法的研究。这类旅游产品的特征除了具有一般旅游产品的纪念意义，更兼具了时代性、便携性、审美性、趣味性、各种科技元素的应用以及旅游地地域文化特色等多重要义。利用系统性思维方式，探讨对非传统手工艺类的天津旅游产品的设计开发策略，合理的把天津民俗文化元素进行提炼，精确提取，并对这些元素针对旅游产品系统的设计需要进行打散、重组、归纳和整合。利用系列化思想完善设计，把民俗特点元素的秩序性、形象感、品质感、民俗传承的脉络感同时鲜明且清晰地表达出来。着眼于民俗文化与旅游产品设计开发的设计理念革新，是对其他有关旅游产品开发研究方面的重要补充。

天津已经逐渐成为一座集历史文化底蕴与现代文明于一身的国际化大都市，而21世纪旅游业俨然成为全球最大的经济产业，为参与国际财富分配，分享世界经济增长成果，国内许多城市纷纷吹响了旅游国际化的号角，天津亦然。近年来，天津旅游业发展较快，但与此相配套的旅游产品的发展却是相对缓慢和滞后的。主要表现在：

1）部分旅游产品内容肤浅，缺乏内涵。

由于民俗旅游的经济效应较大，许多旅游景区的纪念品注重片面的经济效益，不考虑特色，只是想通过美观的造型来吸引游客的眼球，甚至有些商家只看别的旅游地哪种纪念品销量大就照搬别人的商品和销售模式，

图 11-1 天津部分旅游产品

久而久之这类纪念品不仅没有当地特色，而且到处泛滥，随处可见。片面追求经济利益，导致民俗旅游产品被机械地随意庸俗化，从而失去了当地民俗的特色。

2）缺少更多的知名品牌。

天津虽然已经有像"泥人张""风筝魏"等知名品牌，但像"泥人张"这样的老字号太少，其他旅游产品如何做大做强也是困扰天津旅游产品发展的一大难题。品牌的树立不仅能够帮助产品打开市场，扩大影响力，而且能大大地提升旅游商品的附加价值，别人仿制商品时还能够更好地维护自己的合法权益。

3）特色不鲜明。

鲜明的地区特色是民俗旅游的主要依托，带有鲜明地方特色的旅游产品毫无疑问也是其真正价值所在。近几年各地民俗活动逐渐趋向同化，你敲锣打鼓，我也敲锣打鼓，你舞龙舞狮，我也舞龙舞狮。项目雷同，风格雷同，缺乏新意、创意与吸引力，民俗旅游正在失去特色。与此同时，天津的旅游产品设计也开始出现吸引力不足、特色不鲜明的现象。为此，我们务必要在纪念品中融入天津特色，才能使民俗旅游产品持续吸引旅游者。

4）缺乏灵活多样的经营方式。

如果说文化是民俗旅游发展的根本，那么科学有效的市场化运作手段则是民俗旅游发展的保障。民俗旅游产品的发展不能仅仅从形式上考虑如何去做，去延续，还要从经济效益上去统筹，没有了收入作支撑，民俗的发展就失去了生存的基本保证。这也是导致天津有很多优秀的民间艺术到今天都流失了的最根本的原因，它们不能带来直接的经济效益，致使那些拥有这些技艺的民间艺人为求生存而改从其他行业。所以灵活多样的经营方式是发展民俗旅游产品必须考虑的因素。

如图 11-2 这些旅游产品已泛滥于中国各地，集中国各区域、各时代的诸多特点于一身，十几年风格未变且做工粗糙，是当前中国旅游产品市场的主要构成。天津一些皮具用品店，售卖用皮子制作的招财猫，皮具工艺特色明显但招财猫本属日本元素，在此基础上该旅游产品虽略做创新但仍有较强的日本标志，不能算具有天津特色的产品。天津特色皮具店售卖的商品，皮质产品本身工艺独特，精致的做工和较为新颖的设计的确是创新类旅游产品成功的有利因素，但产品主题多见于中国西藏、云南等地，代表天津当地文化的"银鱼"或与海有关的诸多要素的精髓都未能准确提炼，天津地域性特征表达薄弱。

图 11-2 泛滥于中国旅游市场的旅游产品

由这些案例不难看出，天津当前的旅游产品市场仍处于创新相对薄弱，与之相关的产品价值挖掘不够，文化创意思路不清晰等较为滞后的发展阶段。

2007年天津提出了"大旅游大产业大市场"的发展理念，并且着手深度开发与整合旅游资源，紧密结合城市建设总体规划，开发整合河、海、山、湖和近现代人文资源。以市区为中心，以滨海和蓟县为两翼，重点打造"一带五区"旅游集合开发区域，其中包括：海河都市旅游观光带、市中心综合旅游区、蓟县山野名胜旅游区、滨海观光度假旅游区、津西南民俗生态旅游区、津西北现代休闲娱乐区。将形成多点支撑、集聚开发、"点、线、面"有机结合的布局结构，构建现代滨海都市旅游产品体系，塑造"渤海明珠、魅力天津"的旅游新形象。天津旅游产品的特点是人文景观类产品游客被动游览多，主动参与少；自然景观类产品没有形成规模，休闲娱乐类、特色旅游类等旅游产品不足。随着旅游市场规模的扩大和游客需求趋向于个性化及多样化，将会导致旅游市场竞争的加剧和游客流向不确定性的增加。为了在旅游市场竞争中取得竞争优势，必须设计具有个性化、多样性、体验性的旅游产品，给游客带来与众不同的感受和体验，这样才能在旅游市场竞争过程中具有竞争力。不可否认，在旅游产品中占有重要地位的旅游产品开发将是社会需求以及天津的"大旅游大产业大市场"发展理念的强烈回应。

11.2 天津民俗文化旅游资源的开发策略

天津的民俗文化内容极其丰富，其类型也是多种多样。大体可将其分为信仰型民俗文化资源、游艺型民俗文化资源、社会型民俗文化资源、名人故居型民俗文化资源、博物馆和纪念馆型民俗文化资源、经济型民俗文化资源六大类（表11-1）。

天津民俗文化资源分类　　　　　　　　　　　　　表11-1

信仰型（民间信仰和宗教信仰）民俗文化资源	唐代的独乐寺、元代的天后宫、明代的文庙、清代的大悲院和清真寺、民国的西开天主教堂等
游艺型民俗文化资源	杨柳青年画、泥人张彩塑、风筝魏的风筝、绒花、剪纸、民间艺术花会、民间刻砖艺术、戏曲、相声、书画、音乐
社会型民俗文化资源	饮食文化（天津的狗不理包子、十八街麻花、耳朵眼儿炸糕等）、语言文化、人生礼俗、商贸与生产习俗、岁时习俗
名人故居型民俗文化资源	张园（孙中山先生北上经天津时下榻的地方）、静园（清宣统皇帝溥仪退位后来津居住的地方）、资产阶级改良主义者梁启超旧居、早期话剧活动家、艺术教育家李叔同（弘一法师）故居、张学良故居、民族英雄吉鸿昌故居
博物馆、纪念馆型民俗文化资源	天津历史博物馆、吕祖堂义和团纪念馆、觉悟社纪念馆、平津战役纪念馆、周恩来邓颖超纪念馆、戏剧博物馆、民俗博物馆、自然博物馆、艺术博物馆
经济型民俗文化资源	古文化街旅游商贸区、鼓楼商业街

天津民俗文化旅游资源的类型丰富、特色鲜明，具有开发民俗风情游的绝对优势。相对的，天津旅游产品开发存在的特色不鲜明，纪念品文化内涵匮乏等问题，同样可以通过灵活运用丰富的天津民俗文化资源实现旅游产品的设计创新。

11.3 依托天津民俗文化特色的旅游产品分类

通过对天津民俗文化和对现有天津旅游产品的调研分析可知，天津民俗文化旅游产品开发大致可分为信仰型旅游产品类；传统手工艺旅游产品类；名人故居型旅游产品类；博物馆、纪念馆型旅游产品类；社会生活型旅游产品类；

而从如今的市场经济需求角度分析，天津旅游产品开发又可被划分为：以体现传统手工艺技术为特征的旅游产品开发；以融入民俗文化符号与科技元素为特征的旅游产品开发；以将民俗文化符号与时代性、实用性、创新性进行整合为特征的旅游产品开发，三个大的方向。

与体现纯工艺技术特征的第一类旅游产品不同，将民俗文化符号与时代性、实用性、创新性以及科技元素进行整合的旅游产品的开发，需要在兼顾文化特色与地域性特征的同时，突出纪念性和实用性，通过批量生产降低成本，实现旅游产品的商品化。民俗文化特征、时代感、纪念性、实用性、科技元素等对非传统手工艺类旅游产品开发的这些特征需求，需要我们逐层分析，利用系统性思维方式，将天津民俗文化元素提炼出来，分别服务于如信仰型旅游产品类、名人故居型旅游产品类、社会生活型旅游产品类、博物馆纪念馆型旅游产品类等不同类别的旅游产品开发。同时，在系统性思维与分析中，将产品的设计风格如时代感、纪念性、实用性、新奇性、科技元素的运用等特征通过不同类别的旅游产品表达出来。

中国京剧脸谱，作为京剧发祥地的北京、天津地区，对这一传统元素在旅游产品的开发上，其时代感、实用性以及纪念性上都不具有出色之处。与意大利水城威尼斯的面具形成鲜明的对比。如图11-3威尼斯面具已成为威尼斯的代表，并且，这种面具在承载历史传统的同时，与时俱进，既保留了原有华丽、神秘的特质，更增加了诸如：海洋、音乐等多种主题如图11-4、图11-5，根据本地区的特色建筑、人文景观、自然景观等元素不断创新，丰富纪念品的品种。天津具有悠久的历史，具有丰富可被利用的传统元素，但是如何系统性地开发与应用这些元素，提升目前纪念品的层次，扩充纪念品种类，已是摆在我们面前迫切需要被解决的问题。

以体现传统手工艺技术为特征的旅游产品，对这类旅游产品的设计开发需要考虑对传统形式的再设计，对传统营销模式的思考以及如何提升现

图 11-3 中国京剧脸谱与威尼斯面具形式对比

图 11-4 音乐主题面具（左）
图 11-5 海洋主题面具（右）

存旅游产品的品牌价值等方面内容，因本身的构成因素与非传统手工艺类旅游产品存在较大区别，本文将在相关章节作着重介绍。下面我们首先重点分析非传统手工艺类旅游产品开发的策略方法。

11.4　不同类型旅游产品开发策略倾向

通过对天津民俗旅游资源的分类，针对不同的旅游资源我们需要有与之对应的旅游产品开发策略。

1）信仰型民俗文化旅游产品开发

以信仰型民俗文化资源为研究对象的纪念品开发将集中于对宗教信仰内容的展示，通过纪念品传达人们祈求生活幸福美满的愿望。由对信仰型民俗文化中特定人、物、事的把握实现通过购买纪念品达到信仰、祈福、留念等目的。

天津的城市民俗和文化具有包容性和多样性，突出表现为一个"杂"字，这是天津民俗文化的特色。这与天津人善于包容的特质有关，许多外地民俗文化移植到天津很快被吸收，成为具有天津特色的文化现象。其中最有名又颇具天津特色的要数"妈祖崇拜"（即天后娘娘），妈祖崇拜在天津传承与漕运有关。妈祖崇拜的传人不只是建了几座庙宇，而是带来了一种船民的文化。天津人开朗强悍的性格中应当有这种船民性格的成分。当妈祖崇拜传入天津后，自然也带来了船民与大海妈祖，但妈祖只靠海上护航的功能却不能满足日益发展的城市生活的需要，于是人们就把妈祖的功能加以扩充，天津人已经把妈祖崇拜改造成了一种城市文化，使其确实有了"天津特色"，已经成为天津城市文化的重要组成部分。可惜的是，现在天后宫提供给游客的纪念品却不免有些千篇一律，没有明显的天津特色。

如图11-6来自日本的祈福稻穗造型小巧可爱，同时表达主题的方式充满新意。图11-7日式特色蜡烛旅游产品，格调高雅，日式风格强烈且制作精良。整体设计感韵味十足。此两款产品由民俗文化、祈福文化而生，

图11-6　祈福稻穗（左）
图11-7　日式特色蜡烛旅游产品（右）

注重本民族特点，在此基础上注重时尚元素与现代审美的变化，设计创新面向年轻消费群体，体现了更多方面的需求关注点。

对比天津古文化街出售的同样以祈福为主题的旅游产品，虽然是纪念币，如图11-8本身制作精良有一定的收藏价值，但未能将妈祖神作为"护海女神"的护佑意义发挥出来。同类产品的开发种类少，风格单一，未能根据不同消费人群的需求及消费特点做定点开发。

图11-8 妈祖纪念币

2）传统手工艺类民俗文化旅游产品开发

天津是中国北方文化艺术的发祥地之一，这里出现了许多著名的教育家、作家、书法家、作曲家、歌唱家和民间艺术大师。天津也是中国北方著名的曲艺之乡，各种表演艺术门类齐全，在中国的地位极高。"泥人张"彩塑、"风筝魏"、杨柳青年画等更是享誉海内外，这些都是游客来天津时首选的旅游产品。对传统手工艺类旅游产品的开发，需要我们时刻掌握社会发展的脉搏，把握市场需求的方向，适度的改革、发展、创新。一味的闭关自守，仅仅靠精湛的技艺，以高高在上的工艺品自居，必然难以在不依靠政府扶持等外力的作用下独立生存。而如"天津民间艺术剪纸"之类的传统工艺品则因为缺乏优良的品牌策划以及形式创新而逐渐失去作为一门传统技艺的优势。针对传统手工艺类的旅游产品开发需要我们拥有与时俱进的精神，大胆借鉴国内其他同类民俗工艺纪念品的发展之路谋求发展。

3）社会生活型民俗文化旅游产品开发

天津拥有600多年的历史，其作为一个开放型沿海城市，天津民俗文化的发展呈现出一种多元化、广泛化、平民化、包容性的特征。社会生活型民俗文化旅游产品的开发，将从两个方向展开。一方面，天津的饮食文化、语言文化、人生礼俗、商贸与生产习俗、岁时习俗、民间禁忌等来自于百姓生活的民俗文化作为旅游产品开发的资源发挥作用；如天津的狗不理包子、耳朵眼炸糕和十八街大麻花，被人们称为天津风味小吃中的"三绝"，不仅享誉全国，而且受到国际友人的赞扬。可以利用这些已经名声在外的食品，开发附属旅游产品，这样不仅能让游客品尝到独特的天津特色小吃，还能让他们带走相应的附属旅游产品。另一方面，能够体现人们生活的各种日用产品都属于社会生活型的旅游产品开发范畴。因此，如何将各种民俗文化合理融入所要开发的产品中，将是社会生活型旅游产品开发的另一大方向。

如图11-9这款"酒仙葫芦酒具"的设计,天津的葫芦文化源远流长,很多民间艺人传承着精湛的葫芦加工工艺,形态各异,多姿多彩的葫芦是天津文化的一大亮点。以古代的酒文化与天津的葫芦文化相结合为切入点,酒壶以大葫芦为基本型,壶口斜切,壶身书

图11-9 设计实践案例:酒仙葫芦酒具

写一个大的颠倒酒字以寓意"倒酒"的意思。酒杯以小葫芦为整体造型,杯口沿着葫芦顶随意切开,以保持着葫芦的基本型而又能满足喝酒的需求。五个杯子的形态各异,摆放桌子上后呈现东倒西歪的姿势,给人以酒仙醉酒却不倒的感觉。

4)名人故居型旅游产品开发

由于天津地理位置优越,经济发达,又是政治、军事、文化的要地,因而寓居天津的各类名人很多。如张园曾是孙中山先生北上经天津时下榻的地方;静园是清宣统皇帝溥仪退位后来津居住的地方;近代梁启超故居;张学良故居;吉鸿昌故居等。这些故居或遗址展示了天津近代历史和建筑景观,成为今天人们认识历史,了解历代人物,了解天津的历代见证,进行爱国主义教育的基地。这类地方的旅游产品要能够帮助游客深刻了解名人,了解天津。

5)博物馆和纪念馆以及表演场馆型旅游产品开发

天津在近代和现代历史发展过程中,有众多的民族英雄和老一辈无产阶级革命家曾在天津领导和从事过革命活动,因而形成具有纪念意义和教育意义的博物馆和纪念馆。包括:周恩来邓颖超纪念馆、天津历史博物馆、吕祖堂义和团纪念馆、觉悟社纪念馆、平津战役纪念馆、戏剧博物馆、民俗博物馆、自然博物馆、艺术博物馆等。以周恩来邓颖超纪念馆为例,设计旅游产品应该充分了解周总理邓大姐的革命精神和高风亮节。如图11-10、图11-11设计实践案例"周邓纪念馆纪念品'梳情'木梳设计"从多元的周邓文化中提炼出一条圣洁真挚的爱情主线,用周邓互赠的海棠和枫叶作为设计元素与檀木梳相结合。完美地表达了周邓圣洁纯朴坚贞的爱情。既有助于天津旅游业经济的发展,又把周邓文化、天津文化从一个新的角度更好地表现出来。

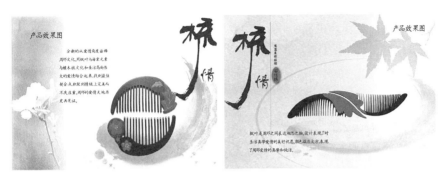

图 11-10 "梳"情——海棠系列（左）
图 11-11 "梳"情——枫叶系列（右）

6）民俗文化旅游产品商业价值体现

实现旅游产品的商业价值，除了旅游产品自身要具有丰富内涵、独特的造型特征外，产品的展示空间，游客的购买环境，都是产品商业价值得以体现的重要保证。在日本名古屋的西阵织和服馆，购买和服与参观和服制作工艺的旅游活动被合二为一。通过对和服制作过程的介绍，人们了解到和服需要精细的手工与昂贵的布料、严谨的工艺才能完成。而通过参观的形式，人们的购买兴趣也被触动。两方面共同提高了和服作为旅游商品的潜在价值。

日本东京某购物广场二楼，是经典的大型服装商场。这个商场，白天穹顶像是满天星星的天空，晚上是蓝天白云。在这样的购物环境中，人们感觉不到时间在流逝，可以静下心来安静的挑选商品。新奇的购物环境为其中的旅游商品穿上神秘的外衣，无形中提升了来此购物游客的购买的热情（图 11-12）。

天津古文化街旅游商贸区与鼓楼商业街作为天津旅游产品市场的代表，是各种民俗纪念品最好的展示空间。古文化街与鼓楼建筑风格准确再现了天津民俗文化的历史风貌。但用来陈列各色旅游产品的各个摊位，则仅仅实现了展示商品的目的。对于不同价值、不同属性的商品并没有从空间布置以及格调上表现出来。对民俗文化旅游产品的展示空间设计是实现旅游产品优势开发的有力保障。广泛而缺少特色的产品陈列方式无疑还不能最大限度地发挥民俗文化旅游产品的商业价值，只有充分考虑到旅游产品的展示空间设计，更好地满足消费者的审美需求，才能最大化地实现旅游产品的商业价值。

图 11-12 日本东京购物广场天空穹顶

12 文化创意设计案例解析

从对旅游产品研究和设计的角度来看,目前的研究主要是从旅游经济学、社会学、市场营销学、心理学、管理学、设计美学、美术学等角度分析,其中也有不少学者提到旅游产品地域性的重要性,但从民族文化角度具体将民俗文化与现代特色旅游产品设计相结合进行研究的还比较少,特别是鲜有学者将民俗文化符号与旅游产品进行整合设计以解决旅游产品无特色、无文化内涵、无纪念意义的难题。针对这一难题本书将在上篇设计理论研究中着重从民俗文化符号的提炼、民俗旅游产品的设计开发策略以及运用中国传统美学剖析旅游产品的设计内涵等方面逐层分析寻求适合地区性文化发展的旅游产品开发策略。

通过归纳与总结可知,天津的民俗文化资源丰富,可用于旅游产品设计开发的要素广泛而繁杂。如何在广而多的信息中抽丝剥茧,理清思路展开系统分析反而成为难题。在设计中,民俗文化要素既是起点也是终点,更是方案得以深化的亮点。傣族人用泼水表达热情、友爱;云南的"猫福"文化向人传递吉祥;我国陕西民间的剪纸艺术表达人们对原始宗教的信仰;京津地区的曲艺文化;这些民俗文化表现为图案、形态、行为等多种方式,对依托民俗文化的旅游产品进行设计开发,就要首先了解这些民俗文化,在此基础上对其进行提炼分析,形成能够在设计中应用的民俗符号。由思考民俗文化中可被用到的符号元素开始,经过反复推敲以一件能完美体现该点文化内涵作品结束,整个过程中如何运用好民俗文化为设计服务是至关重要的。

12.1 用于不同类型旅游产品开发的天津民俗文化介绍

1)信仰型旅游产品类

如开发一款以传承天津妈祖文化的旅游产品,则所需了解提炼的民俗文化为"天津妈祖"。

在元代的时候,人们进行商贸活动主要是通过海运。由于海运风险大且风浪无情,又限于当时的航海技术水平,因此在航海过程中船翻人溺的事故屡有发生,在自然灾害面前显得无能为力的人们只有求神佛保佑,从神佛的信仰中获得信心和勇气,妈祖便是人们心目中的"护海女神",航

图12-1 天津皇会：盛典祭妈祖

海人的精神支柱。随着漕运的发展，妈祖由南方传播到北方，元泰定三年（1326年）在水陆交通方便的三岔河口一带建立天后宫（天津俗称"娘娘宫"）。妈祖民俗文化是天津历史文化的重要组成部分。她已经成为天津市最重要的人文现象之一，海神妈祖的美德从多层面、多角度影响着天津城市的发展和一代又一代天津人（图12-1）。

2）名人故居型旅游产品类

如为静园开发一款纪念品，则所需了解提炼的民俗文化为"静园的历史文化背景"。

天津静园位于天津市和平区鞍山道70号（原日本租界区宫岛路），始建于1921年，原名乾园，是民国时期参议院议员、驻日公使陆宗舆的住宅。1925年溥仪被冯玉祥撵出北京后，偕皇后婉容、淑妃文绣来到乾园居住。溥仪随后把乾园改名为静园，取"静以养吾浩然之气"之意。他在此"静观变化、静待时机"，继续他荒唐的皇帝生涯，蛰伏待机，图谋复辟满清帝国。"九一八事变"后，溥仪的机会来了，他在静园与日本特务头子土肥原贤二密谈之后，于1931年11月10日晚从静园后门悄悄溜出，秘密离开天津，到达东北，并在日本人的扶持下当上了伪满的康德皇帝。静园在末代帝王离开之后，成为了名副其实的安静之园（图12-2）。

静园占地总面积达到3360平方米，为三环套月式三道院落，即前院、后院和西侧跨院。2007年7月20日，依据"修旧如故，安全适用"的原则，静园完成了整体修复，正式对外开放。如今，静园——这座有着80多年历史、中西混合型庭院式住宅，已经获得了"天津市特殊保护等级历史风貌建筑"、"天津市文物保护单位"、"国家3A级旅游景区"称号。末代帝王的安身之所，

图 12-2　天津静园（左）

图 12-3　天津周恩来邓颖超纪念馆（右）

在社会主义的今天重放光彩，它必将以它永恒的宁静，带给我们更多历史沧桑的感喟和宁静致远的思考。

3）博物馆、纪念馆以及表演场馆型旅游产品类

如为天津的中国大戏院开发一款纪念品，则需了解提炼天津中国大戏院本身的文化背景以及对其核心内容，戏曲艺术的概括。再如为天津周恩来邓颖超纪念馆开发纪念品，则需了解、提炼多方式的综合元素（图 12-3）。

周恩来、邓颖超的青少年时代是在天津度过的，他们在天津相识、相知、相爱并共同走上革命道路。两位伟人始终把天津作为第二故乡，临终前他们分别留下遗嘱将骨灰撒在祖国的山河大地，撒在天津海河。在纪念周恩来百年诞辰之际，周恩来邓颖超纪念馆于 1998 年 2 月 28 日开馆。

周恩来邓颖超纪念馆位于天津风景秀丽的水上公园北侧，占地面积 70000 平方米，建筑面积 13000 平方米，是一座园林式的伟人纪念馆。建筑高 21.3 米，主体为三层，布局呈"工"字形，屋顶采取传统重檐形式并结合现代工艺，石材屋面，外檐镶嵌花岗石，色彩朴素淡雅。馆外纪念广场、巨型花岗岩雕像《高山仰止》不染亭、纪念林、草坪花卉与主建筑相互衬托，环境幽雅，气氛庄重。馆内藏品丰富、文物价值弥足珍贵。据有关资料显示，该馆已征集文物、文献、照片及其他资料 8000 余件，珍品达百余件。

4）社会生活型旅游产品类

如设计一系列反映天津民俗文化的钥匙扣，则可以根据设计需要提炼各种民俗文化元素。在此，我们选择杨柳青年画、天津相声、天津民俗剪纸艺术三个方面进行研究。

杨柳青年画：杨柳青年画继承宋、元绘画传统，吸收了明代木刻版画、工艺美术、戏剧舞台的形式，采用木版套印和手工彩绘相结合的方法，制作时，先用木版雕出画面线纹，然后用墨印在上面，套过两三次单色版后，再以彩笔填绘。既有版味、木味，又有手绘的色彩斑斓与工艺性，因此，民间艺术的韵味浓郁，富有中国气派。杨柳青年画创立了鲜明活泼、喜气

吉祥、富有感人题材的独特风格。在中国版画史上，杨柳青年画与南方著名的苏州桃花坞年画并称"南桃北柳"。杨柳青年画的制作程序大致是：创稿、分版、刻版、套印、彩绘、装裱。前期工序与其他木版年画大致相同，都是依据画稿刻版套印；而杨柳青年画的后期制作，却是花费较多的工序于手工彩绘，把版画的刀法版味与绘画的笔触色调，巧妙地融为一体，使两种艺术相得益彰。而且还由于彩绘艺人的表现手法不同，同样一幅杨柳青年画坯子（未经彩绘处理的墨线或套版的半成品），可以分别画成精描细绘的"细活"，和豪放粗犷的"粗活"，艺术风格迥然不同，各具独自的艺术价值（图 12-4）。

天津快板：20 世纪 50 年代天津出现的一个新曲种，是由群众自发创造并发展起来的。这种快板完全以天津方言来表演，在形式上采用了数来宝的数唱方式及快板书所用的节子板，同时配以天津时调中"数子"的曲调，用三弦伴奏，天津快板的风格粗犷、爽朗、明快、幽默，有着浓厚的生活气息和地方风味，深受天津人的喜爱，也为其他省市群众所喜爱（图 12-5）。

图 12-4　杨柳青年画

图 12-5　天津快板

相声：相声虽兴起于北京，但作为码头城市的天津，离北京近在咫尺，成为相声演员必到之地，而且逐渐形成一个新段子必先得到天津观众的认可才能进京演出的局面。许多著名的相声演员都是在天津演出过多年，成名后才走向全国。相声是一种历史较久、流传较广、有深厚群众基础的曲艺表演形式，在相声形成过程中广泛吸取口技、说书等艺术之长，寓庄于谐，以讽刺笑料表现真善美，以引人发笑为艺术特点，以"说、学、逗、唱"为主要艺术手段。相声已成为天津文化的一道亮丽的风景线（图12-6）。

剪纸：天津剪纸借鉴了年画、瓷器、木雕等图案设计，注意外形刻画，人物比例匀称，线、面衔接柔和，无明显的幅度变化。整体图案浑厚有力，线条流畅，刻画精细。

天津剪纸大致分为剪刀剪纸和刀刻剪纸两种，剪纸又分为粗活和细活。清初的剪纸以剪刀剜剪，用于年节室内外门窗装饰及服装、鞋面绣花图案，线条流畅，纹理清楚，颇具淳朴豪放的特色。天津剪纸的表现手法多以谐音和象征寓意手法示意追求吉祥如意的民族心理。天津剪纸所表现的花卉、昆虫、人物、动物、喜字、福字、寿字等内容，千变万化异彩纷呈，它不仅美化生活，而且颇具实用价值。

天津剪纸的艺术风格、制作方法均有独到之处。它不同于南方剪纸的纤细秀丽，也不同于北方其他地区剪纸的粗犷淳朴，而是偏重写意（图12-7）。

图 12-6　天津相声

图 12-7　天津剪纸

12.2 利用系统性思维对天津民俗文化元素的提炼步骤分析

承载民俗文化的符号是指能够表达这一地域性文化特有意义的符号。天津民俗文化任何一方面都具有丰富的历史、人文背景。如天津京剧，天津虽不是京剧的发源地，但因为天津有适宜于京剧发展的地理环境——地处陆路、水路的南北交通要道，与人文环境——有着爱戏、懂戏的观众，天津京剧有了长足的发展，在京剧发展史上起到了发展、传承、传播的不可磨灭的作用。天津京剧在2006年5月被文化部列入第一批国家非物质文化遗产名录。为天津京剧开发设计旅游产品则首先需要能够将天津京剧的精髓准确提炼概括出来。而京剧本身从历史、人物造型的意义、表演大师的特征等各方面都具有巨大的信息量，天津京剧作为其中重要的组成部分更具有天津地域性的特征，如何将这些信息系统化、提炼出能够为设计服务的部分就必然存在难度。

立足于如何将天津民俗文化元素服务于旅游产品开发的角度，利用系统性的思维方式，逐层递进地剖析天津民俗文化。

首先将错综复杂的文化内容通过"音、形、色、行为"四个方向进行描述，概括相关文化特征，实现第一步，对民俗文化的提炼、概括；

第二步：通过"情境带入"的方式，在"音、形、色、行为"概括的基础上实现民俗文化的系统性分类；

第三步：在后期通过系统性思维对旅游产品的设计开发方向明确后，对民俗文化元素各个"相关情境"中的设计要素进行精炼、定点分析，完成这些可被用于特定旅游产品开发的"民俗文化符号"的再设计；

最终完成依托天津民俗文化进行开发的旅游产品设计。

12.3 从"音、形、色、行"中归类天津民俗文化特征

"音、形、色、行为"四方面的民俗文化特征归类：

通过将天津民俗文化资源在"音、形、色、行为"四个方面提炼概括其特征，将使我们更系统、全面地把握民俗文化元素从而为后面实现民俗文化的系统性分类及最终的文化符号的再设计打下坚实基础。

音——具有天津民俗特征的语言、词汇、曲艺以及声音。如天津地方土语"哏""嘛玩意儿"，天津时调，相声、快板中的说唱部分等。

形——泛指造型、形态、图形，指天津民俗文化中最为核心的立体形态和平面图案。如天津民俗艺术剪纸中常见的构图方式以及剪纸图案。

色——天津民俗文化中各种形态所具有的标志性色彩以及色彩特征。如天津杨柳青年画色彩艳丽、丰富的用色特征；天津民俗剪纸艺术中的标志性红色。

行为——对天津民俗艺术中的标志性行为、动作的提炼与描述。如京剧开场的"亮相"；京剧中某个角色上场后，通过念白、歌唱，可以表明舞台是他的书房。但是他下场后这个书房就不存在了，紧接着另一个角色上场，通过他的身段表演，可以表明舞台是一条崎岖的山路。当一个人在自己家里闲坐无事，想到朋友家走走，便在舞台上走一个圆圈（叫做"圆场"），他的家也就转换成他朋友的家了。又如京剧唱段"吕布戏貂蝉"，吕布扮相英武，极富阳刚之气，更兼唱腔丰腴壮美，音色清刚纯正，与貂蝉把盏谈笑之间，眉梢眼角略露挑逗之色，待听到貂蝉夸他是天下英雄之时，那种志得意满、英雄自诩的笑声，顾盼雄飞，不可一世的神态，整个表演过程都是对京剧艺术行为要素的描绘。

下面通过对具有代表性的天津民俗文化资源进行分析，总结如何将天津民俗文化在"音、形、色、行为"四个方面具有的文化资源特征提炼出来（表12-1）。

天津民俗文化元素提炼　　　　　　　　　　表12-1

内容剖析	历史渊源	舞台表演	代表性语义词汇或图片	特征应用实例
音	快板书 口技 天津俗语 "说、学、逗、唱"	哏儿 好吃嘛 嘛好吃 吃嘛好 你干嘛		天津俗语的应用设计——源自对"好吃嘛"、"嘛好吃"、"吃嘛好"语言艺术的演绎所作的餐具设计 **第二届天津市大学生文化创意大赛参赛作品** 以天津快板书元素的应用设计所做的一套办公用品 **首届天津市大学生文化创意大赛特等奖作品**

续表

内容剖析	历史渊源	舞台表演	代表性语义词汇或图片	特征应用实例
形	马三立——相声是笑的艺术 回味无穷的幽默相声表演		幽默的 讽刺的 夸张的 滑稽的 表情丰富的	
色	传统相声艺人的灰色袍子		肥大的 寒酸的 瘦高挑的	利用相声元素的旅游餐具设计 **第二届天津市大学生文化创意大赛参赛作品**
行为	"学四相"：学大姑娘、老太太、哑巴和聋子四种人的动作； "学四声"：学山东、山西、北京城里、城外四种地方话的声音	"说、学、逗、唱"	表情夸张的 讽刺的 动作夸张的 相声段子中夸张的"亮相"	
	"嘻哈包袱铺"——80后一代人对生活的感悟，在身边事上找乐子		嘻哈包袱铺的相声表演动作夸张，喜剧效果浓烈，且融入小品形式的舞台表演等内容，兼具时尚的、贴近生活的、亲切感、市场化的、夸张的、流行词汇	**第三届天津市大学生文化创意大赛参赛作品**

12.4 提炼与分析天津民俗文化元素

对文化符号提炼整合的步骤可简单概括为：
（1）调查分析民俗文化
（2）抓住特征
（3）提炼元素
（4）对构成民俗符号元素进行再设计

如对京剧脸谱中的生旦净末丑文化符号进行再设计，则首先要了解它们的文化内涵，并且对这些内容进行整理分析。

京剧脸谱，每个部位的图案变化多端，有规律而无定论，如：包拯黑额头有一个白月牙，表示清正廉洁；孟良额头有一红葫芦，示意此人爱好喝酒。除表示性格外，还可暗示角色的各种情况，如项羽的双眼画成"哭相"，暗示他的悲剧性结局；包公皱眉暗示他苦思操心；孙悟空猴形脸暗示他本是猴子。

通过对民俗文化的了解，我们将京剧脸谱中生旦净末丑的文化特征进行提炼，可具体概括如表 12-2 所示。

京剧脸谱元素分析　　　　　　　　　　　表12-2

角色	释义	图例及说明	
生	生为男性角色，分小生（武生）和老生，是逻辑性角色的统称	素脸（老生）《跑城》徐策	象形脸（武生）《闹天宫》孙悟空
旦	旦为女性角色的统称，按扮演人物的年龄、身份、性格及其表演特点，又可分正旦、花旦、贴旦、闺门旦、武旦、老旦、彩旦七种类型。正旦（青衣）主要扮演性格刚烈、举止端庄的中青年女性如秦香莲；花旦扮演天真活泼或放浪泼辣青年女性，如《拾玉镯》的孙玉姣；贴旦指同一剧中次要的旦角，大多为丫头；闺门旦扮演少女，如《牡丹亭》中的杜丽娘；武旦扮演擅长武艺的女性，如穆桂英；老旦扮演老年妇女，如佘太君；彩旦扮演女性中的喜剧、闹剧人物，又称丑旦、丑婆子，如戏中的媒婆	俊脸（老旦）《龙凤呈祥》吴国太	俊脸（花衫）《贵妃醉酒》杨贵妃

续表

角色	释义	图例及说明
净	净俗称花脸，大多扮演性格、品质或相貌上特异的男性人物。面部化妆用脸谱，音色洪亮，演风粗犷。按扮演人物的身份、性格及技艺特点，又可分为大花脸，以唱功为主，如包拯；二花脸，以做功为主，如曹操；油花脸，形象奇特，如《钟馗嫁妹》中的钟馗	  绿碎花脸（净）《牡丹亭》　花判黑整脸（净）《铡美案》包拯
末	末为年纪较大的男性角色	 老末《三娘教子》薛保
丑	丑扮演喜剧角色，男女性都有。由于在鼻梁上抹上一块白粉，俗称小花脸，又称三花脸。传统戏中丑角扮演，人物种类繁多，有语言幽默、行动滑稽、心地善良的人物；也有奸诈刁恶、吝啬卑鄙的人物。按扮演人物、身份、性格和技艺特点，又可分为文丑和武丑	  文丑《蒋干盗书》蒋干　武丑《望江亭》衙内

针对生旦净末丑的文化特征，继续提炼元素。以"丑角"《审头刺汤》中的汤勤为例，如图 12-8 其形态上的特征元素为"鼻梁上一抹白粉"，其神态特征为眼神闪烁、阴险，表情滑稽。完成对"丑角"民俗文化内涵分析，抓住能传达文化意义的主要特征，继而提炼元素，为最终完成"丑角"民俗符号的再设计做好充足的准备。

通过对丑角"鼻梁上一抹白粉"的形态特征进行简化处理，人物的眉、眼被简化为几条抽象线条，结合丑角滑稽、肤浅的神态特征，眉与眼的位置处理，迎合了民间俗语对眉眼长成好像"八点二十"位置时具有的滑稽寓意。

图 12-8 《审头刺汤》中的"丑角"汤勤

图 12-9 完成"丑角"的形态元素再设计

因鼻子处没有形态要点,所以图形处理时被省略掉。通过系统分析思考,结合现代设计理念,对传统丑角元素的再设计,最终构思完成(图 12-9)。而对于丑角神态的把握是其形态元素重塑成功的关键。只有准确把握这些情感的变化才能真正实现文化符号元素的再设计。

12.5 系统性设计分析

系统性思维方式对旅游产品开发案例分析:

下面以为天津中国大戏院设计开发一款旅游产品为案例,分析如何利用系统性思维方式确立用于产品开发的民俗文化符号以及旅游产品的设计诉求点、存在的形式与意义。

首先,调查分析中国大戏院的文化背景:中国大戏院是有着 70 多年历史,享誉海内外的具有代表性的大型文艺演出场所,是天津重点文物保护单位。

第二步,提炼中国大戏院的民俗文化元素特征。

中国大戏院的小剧场,仿佛时光倒流回旧时光,品茶、听戏,休闲自得。浓厚的津味文化在剧院环境内准确呈现(图 12-10)。

中国大戏院的大剧场,宽敞明亮,温馨整齐复古而不失现代气息。

人厅中陈列着精致的戏袍,熟悉的戏剧泰斗的介绍和很多与中国戏剧休戚相关的重要文化陈列品(图 12-11)。

通过对中国大戏院的调研,我们对其建筑结构、布局风格以及用来传承发扬中国戏曲文化,丰富老百姓文化生活的作用都有了比较确切的了解。

图 12-10 中国大戏院内小剧场

图 12-11　中国大戏院大厅

中国大戏院所包含的民俗文化元素，从音、形、色、行为四个方面总结，分别是：

音——中国戏曲各地特有的唱词风格等；

形——到处充斥的与中国戏曲相关的物，中国大戏院的建筑造型、布局造型等；

色——戏曲舞台上营造的环境色，观众席中的环境色，戏曲角色的特征色，中国标志性红色等；

行为——戏曲表演的动作，人们观看传统戏曲的神态，参观中国大戏院中的展品以及道具等。

第三步，明确设计目的、建立"情境"进而确定设计的"事系统"。

明确设计目的，确定事系统中"时间、空间、人、物、行为、信息、意义"几大要素为在环境中"事"的发展赋予情感取向，进而确定事系统存在的"情境"。

对事系统中"事"发生目的地确定，进入中国大戏院的根本目的是听戏、看表演。在这一听一看的活动中，参与的主体'人'就完成了一个具有纪念价值的活动。以此为基础进行旅游产品的开发，作为产品购买者的'人'则具有了内容更丰富的目的。如对中国戏曲比较陌生的外国人，可能因为强烈的好奇心而具有"追新求异"的购买目的；因为性格本身具有很强的求知欲，而具有"学习文化知识"的购买目的；因为旅游产品的精巧细致或对中国文化的崇拜而具有"收藏"的购买目的；因具有强烈的表现欲而产生"炫耀性"的购买目的；对于中国天津的某个戏曲爱好者而言，其购买目的也相应发生变化。因酷爱某位表演大师而产生对与之相关产品的"收藏目的"；因喜好某个经典段子而产生想要重温现场表演的"享受目的"；因马上要离开本地，而想要带走自己熟知与喜欢的某段表演，而产生"纪念目的"；因在中国大戏院这一特定环境中发生的特定事件，如与某位艺术大师的现场交流、互动，而产生纪念这一事件的"纪念目的"。针对不同的人群，所发生的不同事件，还会产生很多种情境下的设计目的。

那么，当我们通过市场调研，确定下最常出现在中国大戏院的人群或者具有较强消费能力的购物人群时，我们就可以完成对天津旅游产品开发步骤中对设计目的的确立。

围绕特定人群以及明确的设计目的，我们需要建立事系统存在与发展的"情境"。如对上文中，具有炫耀性购物目的的外国游客的分析，这个特定人群的特征以及需求内容，决定了他们可能对中国戏曲文化的内涵不会求"甚解"，能够带走最具有该地特征，最能证明他们在这个游览地的活动内容的产品就是他们想要的。

明确这一点后，我们需要确定"情境"发生的环境，也就是空间要素。而能够实现向人炫耀以及讲述目的的最佳场所就是"家"。发生讲述、介绍纪念品事件，很自然的一种方式是"聚会"。行为要素得以确定。对"情境"的描述：在家中招待朋友的女主人，热情地介绍着在中国大戏院中的旅游见闻。为了使自己的介绍更加生动，女主人从展示柜中取出了购买的旅游产品，进行展示、讲解与介绍。在这个情境中，物的形式被初步做出界定。首先，它应是便于取拿的，当然，它应该具有能够联想到中国大戏院核心内容的符号，用来提示她回想起自己并不熟悉的文化内容。它还应该是精致、有趣的，因为在这个情景中我们假定的女主人具有"热情、希望以向人炫耀自己的东西实现内心满足"的性格特征。因此，她所选择的产品要足够精致和有品位；有趣的东西是彰显自己性格独特的有利方式。经过对情境中各个元素的分析，我们将所要设计的物界定为：一套瓷器。它们可以是杯子、瓶子甚至是调味瓶。

我们将民俗文化符号提炼的重点放在中国戏曲中的"生旦净末丑"角色的分析。通过前文的分析，结合情境中对"物"须具有"有趣"的特性，我们可以得出一套关于"生旦净末丑"角色再设计的纹样（图12-12）。

第四步，系列化设计应用。

设计物最终选择一套调味瓶，通过与调味瓶形态设计的整合，最终完成方案（图12-13、图12-14）。

图12-12 京剧角色的形态再设计（左）
图12-13 设计实践案例："食食有戏"系列调味瓶a（右）

图 12-14 设计实践案例:"食食有戏"系列调味瓶 b

第五步,系统性设计思维步骤综述。

根据以上分析,我们总结出基于系统性思维下的天津民俗旅游产品设计的大致步骤:

(1)进行前期调研,包括旅游产品和天津民俗文化两个方向上的调研;

(2)设计定位,初步确定哪个方向上的什么样的产品的设计;

(3)对已初步确定采用的传统文化和产品再调研;

(4)应用系统性思维模式提炼民俗符号,并整合入设计中。

基于以上步骤对非传统手工艺类旅游产品开发策略研究重点应放在如下几个方面:

①充分挖掘天津民俗文化之内涵,进一步探讨天津民俗文化资源类型,利用系统性思维方式提炼出适宜设计的符号元素。

②将民俗文化符号与时代性、实用性、创新性以及科技元素进行整合,需要在兼顾文化特色与地域性特征的同时,突出纪念性和实用性,通过批量生产降低成本,实现旅游产品的商品化。民俗文化特征、时代感、纪念性、实用性、科技元素等对非传统手工艺类旅游产品开发的这些特征需求,需要我们逐层分析,利用系统性思维方式,将天津民俗文化元素提炼出来,分别服务于如信仰型旅游产品类、名人故居型旅游产品类、社会生活型旅游产品类、博物馆纪念馆型旅游产品类等不同类别的旅游产品开发。

同时,在系统性思维与分析中,将产品的设计风格如时代感、纪念性、实用性、新奇性、科技元素的运用等特征通过不同类别的旅游产品表达出来。

③按照天津民俗文化特色所提炼的不同设计元素符号类型,进行专题系列开发设计。

12.6　天津旅游产品设计实践案例

设计方案　周恩来邓颖超纪念馆旅游纪念品系列设计

天津市周恩来邓颖超纪念馆系列纪念品，以红瓷，文房四宝等中国传统文化物品为设计载体，以中国传统符号为连接，融合了二位伟人的音容笑貌、文学笔记、爱国事迹以及他们的经典诗句题词等，突显爱国主义情操。

团队成员通过对两位伟人革命生涯的调查研究，进而深入设计纪念品。主题上提取天津革命文化历史中的闪亮点即周恩来邓颖超两位伟人的革命事迹和精神，用纪念品的形式得以体现。

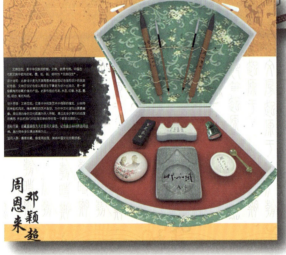

系列作品其中包含文房四宝，茶艺中国红瓷，书签，纪念章等。体现了天津文化的多样性、文化间的交融、与红色革命的交融。形成了具有天津周恩来邓颖超纪念馆新特色的旅游纪念品推动了天津的旅游业，促进了天津的经济文化发展。

| 设计方案 | "新文房四宝"办公用品 | 特等奖作品 |

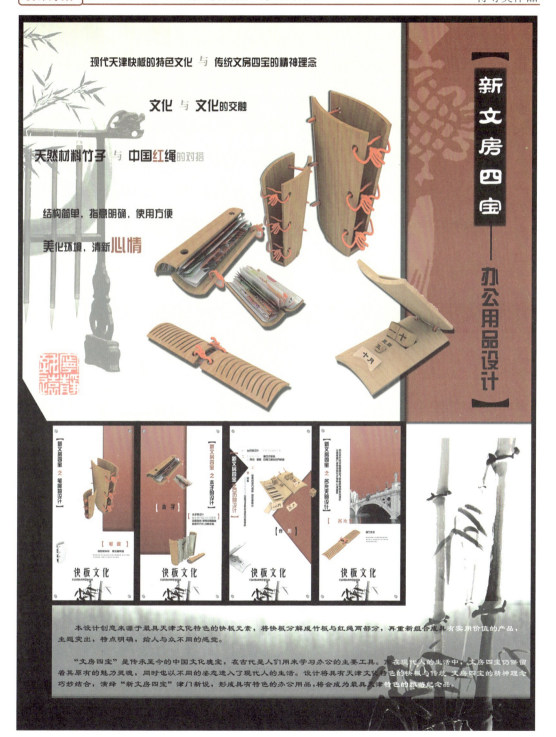

| 设计方案 | 妈祖文化可旋转茶海设计 | 一等奖作品 |

- 具有妈祖凤冠霞帔造型的茶壶
- 海浪图形
- 祥云代表性图案
- 妈祖服饰的装饰图案
- 以海浪为原形的装饰图案

设计说明

借助妈祖文化中海浪、云纹的形象，汲取妈祖服饰中的主要色彩和海浪的主要色调。以神冠和云纹为造型，配以海浪为装饰，体现了海之神的神韵。六个云纹造型可放置一组茶杯底托也以海浪为造型，用以盛积水，寓意海纳百川。底部设有可以加热的电磁炉，方便加热使用。

| 设计方案 | "鼓"为"金"用——京韵大鼓系列办公用品设计 | 二等奖作品 |

设计方案　"食食"有戏——中国大戏院旅游纪念品设计　　特等奖作品

天津人的生活离不开戏剧，正如天津中国大戏院的主题："生活不能没有戏"。根据这一主题设计的本套调味瓶"食食有戏"，体现了"时时有戏"与人们生活中的一大要事——"饮食"相关，故取名"食食有戏"。在讲究饮食的天津卫，这一创意恰与天津本土文化特色相得益彰。

设计说明：本次设计把"生旦净末丑"同生活五味相结合。"酸秀才"（生）与醋有关，饭菜味道（旦）需要盐来增味，味精（净）使餐饮品质更高，老抽（末）则为饮食抹上浓墨重彩的一笔，幽默诙谐的小丑则与怪味的胡椒粉相联系。底托的设计则是天津中国大戏院标志的立体化展现。

这套调味瓶，紧扣了天津中国大戏院"生活不能没有戏"的主旨，彰显了天津戏剧文化特色，生动的形象摆放在厨房，为厨房增色不少。无论是自己使用还是馈赠亲友，都会体现其价值：集观赏、收藏、纪念、实用价值于一身。

| 设计方案 | "梦幻三国"三国系列戏剧象棋设计 | 二等奖作品 |

设计说明：这一套文化用品，紧密结合天津文化，选取有代表性的中国大戏院和泥人张文化作为切入点进行设计。彰显了天津的文化特色，而产品生动的形象不论是拿来使用还是作为艺术品摆放都会显得富有活力，充满生机。无论是自己买来使用还是送给亲朋做礼物，都会体现其价值：集实用、收藏纪念、观赏于一身。

| 设计方案 | 剪纸艺术灯具设计 | 二等奖作品 |

设计说明：此方案的设计灵感来源于展开的画卷和天津民间特色艺术之一的剪纸。灯具两边设计为对称的灯箱，内外设置两层灯体，外灯罩结合了传统的镂空工艺。镂空处可以看到内灯罩上镶有各种天津民间吉祥图案的剪纸。同时主人也可以根据自己的个人爱好更换内灯上书卷的内容。

| 设计方案 | 酒仙葫芦酒具设计 | 二等奖作品 |

设计说明：本作品着重在于继承和发扬天津的葫芦文化。以一套整体的葫芦作品去诠释中国的酒文化和葫芦文化，突出天津葫芦的独特之处，葫身一个颠倒"酒"字，寓意"倒酒"，整体上给酒具带来美感，给人们以遐想的空间。酒杯以小葫芦造型，杯口沿顶随意切开，以保持着葫芦的基本型而又能满足喝酒的需求。作品的五个杯子打破以往酒杯竖直的形态，而是每个杯子都往不同的方向倾斜，形态各异呈现东倒西歪的姿势，给人以酒仙醉酒却不倒的感觉。

设计方案　"茗津味"——津门之景旅游纪念品设计

设计说明：此款茶具设计与天津各种文化背景及其特色相结合。集天塔旋云(天津广播电视塔)、海门古塞(大沽口炮台)、故里寻踪(古文化街)、三盘暮雨(盘山)、龙潭浮翠(水上公园)，这五个景区同时与茶具相结合。四个杯子一个壶，各代表一个景点，每个杯子不仅具有景点的图案，还在造型上也做了相关的设计。底托的设计则是以天津地图的造型为主，上面有景点的位置，杯子正好放在其上，使地图更加形象与三维化。

设计方案　"莲之韵"——系列茶具设计

| 设计方案 | "蒸蒸日上"——"狗不理"餐具暨旅游纪念品设计 |

设计说明：本款"蒸蒸日上"——"狗不理"餐具设计，以制作包子所用的"面皮儿"、"笼屉"为设计元素，打破常规碗碟造型，对设计元素重新变形、组合，紧扣天津美食"狗不理"文化特色，好似整个包子的制作过程都呈现在餐桌之上。

| 设计方案 | 天津相声系列MP3播放器设计 |

| 设计方案 | 杨柳青剪纸"跃龙门"书立设计 |

设计说明：本设计来源于中国民间剪纸鲤鱼跃龙门的元素，中国古代的传说中，就有鲤鱼越过龙门，就可以化身为龙的说法，因此常用鲤鱼跃龙门比喻逆流前进、奋发向上。剪纸中的鲤鱼跃龙门，是过节时候用来张贴在家中，寓意大吉大利，学有所成。将其与书立相结合，书立本身就是学生使用的，现在考学竞争激烈，学生因为繁重的学习任务和升学压力，心理负担越来越重。希望通过这款鲤鱼跃龙门书立的设计，告诉学生顶住压力，迎难而上，美好的未来在等着他们。造型方面，该书立借鉴剪纸中阴阳契合的方式，中间的造型部分可以通过底部的轴上下翻转。在使用时翻出，向上转出90°，即为书立。不用时向下折叠整体契合为一个平面，方便收纳和携带。

| 设计方案 | "皮·相声"天津旅游纪念品文具设计 |

设计说明：相声是天津的名片，以相声演员为原型进行设计创意，橡皮同时拥有精美的包装和很好的实用价值既可以当做礼物送给亲朋好友，也可以当做一件充满趣味的文具供自己使用，成为自己办公的得力助手。这款橡皮拥有很多的表情，如同真实的相声演员一样，能给使用者带来更多欢乐。橡皮在不断的使用的过程中，橡皮上人物的发型也会随之改变，使橡皮产生了一定的趣味性。

设计方案 "天官赐福"佐餐系列用具设计

效果图　　　　　使用说明　　　　　包装设计

设计说明：天津有着丰富的历史积淀，保留了许多中华民族的传统文化。同时天津也是一个现代化高速发展的注重民生的城市。通过以上几点，我以"天官赐福"传统中国文化元素为切入点，结合调料盒这一与民生息息相关的产品，设计出了这一套传统文化与现代产品造型设计相结合的佐餐系列用具作为天津市旅游纪念品设计。作为天津市旅游纪念品设计，这款产品符合天津市民生城市的特点，是一个传统与现代和谐统一的设计。

设计方案 "津味"旅游纪念品系列设计

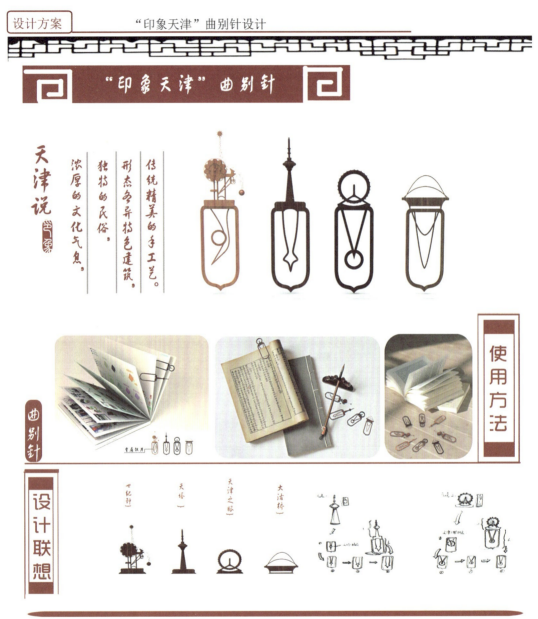

设计说明：本着对天津这座城市的热爱，根据天津建筑和地标的独特造型设计出了这套具有天津特色的旅游纪念品。其中，以红檀木为其载体，以天津的天塔、世纪钟、天津之眼、大沽桥为内容，形成了这组以曲别针为功能的旅游纪念品。木料主要以激光雕刻的工艺雕刻出不同的造型，下面别针的部分的背面粘合了同样形状的金属铁片提高其夹持的强度。每片木头的纹理都是唯一的，如同是这座城市曾经留给每个人的不一样的温暖和感动。

| 设计方案 | 瞬"戏"万变——天津戏曲博物馆纪念品设计 |

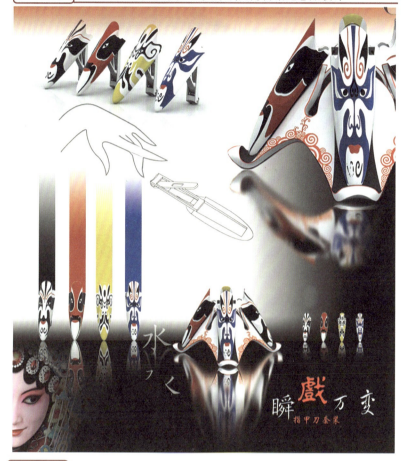

设计说明：
天津人的生活离不开戏曲，天津京剧票友远领先中国其他地区。考虑这一因素，本次设计利用京剧里变脸的元素制作出人们日常生活常用的小物品——指甲刀。此次设计在指甲刀上镶嵌了青花纹样体现中国元素，刀身是传统京剧脸谱形象，底托的设计则是戏曲博物馆标志的立体化展现。这一套指甲刀设计紧扣了天津戏曲博物馆将戏曲发扬光大、丰富人们精神文化生活的主旨，便于携带。

| 设计方案 | "e"犹未"津"——天津文化旅游纪念品设计 |

设计说明：本款设计将天津特有红瓷与现代电子产品相结合，并且加入天津市花——月季作为设计元素。让人们在快节奏的生活中偶尔回到天津悠闲、富贵、安逸的特色文化氛围中。

设计方案　"胶集"旅游主题胶带设计

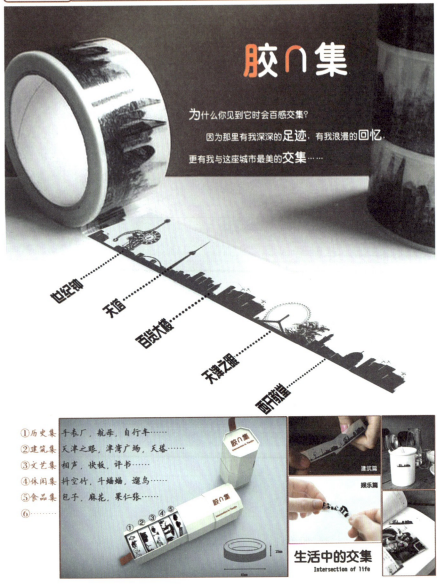

设计说明：方案从将"交集"这一本身就意味着"共同拥有"的深刻含义获得设计灵感，用"胶带"这一载体表现出来。而"胶带"这一伴随着人类发展的生活用品在"拉，撕，粘，剪"等常见的行为中，已经成为我们生活中不可或缺的必需品，现如今更赋予了其"连接，依靠"等深刻涵义。将这两者的共通之处集合起来，最终形成了这套系列产品，取名为"胶集"，亦是"交集"。将天津文化的各个层面和内容分为了大致几个方向，并从中选取极具特色的事物，分门别类的概括出"历史集"，"建筑集"，"文艺集"，"休闲集"，"食品集"等更多"集合"。然后用可循环利用的纸盒将其归纳其中，在保证成本低廉的情况下，又达到绿色环保的目的。内部装饰胶带也是可循环利用的"纸质胶带"，易于撕扯，便于回收。最终实现了装饰和功能并存，文明与生态统一的目的。

| 设计方案 | 周邓纪念馆纪念品——"梳"情 | 一等奖作品 |

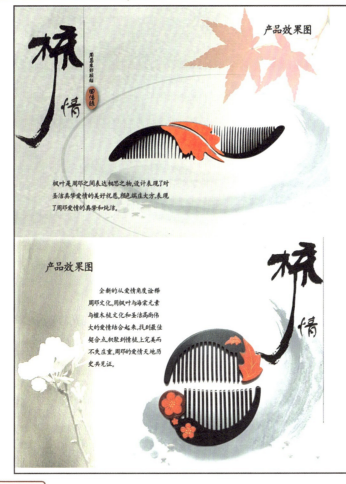

设计说明：设计通过周邓文化中的爱情这一主线，把枫叶元素以及海棠元素和檀木梳文化结合起来。通过对元素的变形和再设计，不仅使周邓文化多元化发展传承开来，更促进了天津旅游业经济的发展。

| 设计方案 | "笑口常开"——环保便携餐具设计创意文案 | 参赛作品 |

设计说明：以天津文化做背景创作的旅游纪念便携餐具。在创意上，以天津最著名的相声为主题。将餐具汤匙和筷子与相声表演艺术家的传统形象巧妙结合。餐具包装的设计在方便取用餐具、保证餐具卫生的同时打造一种老天津卫相声茶楼的氛围。创造出一件欣赏把玩与实用相结合的大众产品，其中天津地域特色浓郁。在使用价值上，既经济卫生又绿色环保。在当今社会经济飞速发展，环境保护却迫在眉睫的时代，用创意产品促进人们对环境的保护意识，一套小小的餐具设计倡导大众外出就餐拒接一次性产品。树立良好的生活习惯。

| 设计方案 | 鱼盘——套餐用具系列 | 一等奖作品 |

设计说明：以天津杨柳青年画和剪纸为设计原点，对津门特色——银鱼的形态进行了分析和归纳。鱼头，鱼鳞，鱼鳍，鱼尾在尊重基本形象特征的基础上，对美的成分进行强调与夸张，使之理想化，形象地呈现出了一尾银鱼形态的餐盘。再以年画中抱鱼的小孩做背景底盘，把平面的背景与立体的餐盘巧妙地结合起来。同时，在颜色的选用上也遵循了剪纸本身的感觉，红与白的结合，既大方又不失活泼，在保留传统文化感觉的基础上也体现出了时尚与现代感。

| 设计方案 | 天津旅游邮票纪念册设计 | 二等奖作品 |

设计说明：本次设计的创意来源于集邮册，它用邮票的形式向游人展示天津特色。其中盒内分为两册，其一是收藏册，其二是邮票介绍册。封皮设计应用古典色调和传统包装，使邮票册具有一种浓厚的历史文化气息。

| 设计方案 | 旅游终端产品设计——银鱼导航器 | 一等奖作品 |

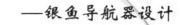

耳机插口，具备音乐播放功能

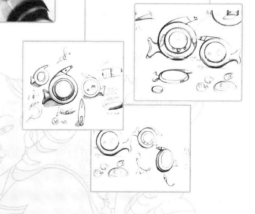

设计说明： 产品的设计元素来源于天津的四珍之一银鱼，在形式上采用银鱼的抽象外型，将它与导航器的结合传达了产品的语意，在功能上与产品本身结合，具有定位导航的作用，将天津的地图、公交车路线、旅游胜地等存储在里面起到定位导航的作用。两种供电方式：5号电池和电充。

设计定位： 来津中外游客。

色彩方案： 在图案上采用天津杨柳青年画为设计元素，在色彩上以青花为主，提升产品的设计品位。

设计精神： 本款产品真正达到了文化与设计的结合，本产品将定位于天津市，使游客在游玩的过程中不仅感到方便而且欣赏了天津的地域文化。

| 设计方案 | 天津狗不理品牌礼品包装系列设计 | 特等奖作品 |

可伸缩式的提篮设计是本作品的一大亮点,方便产品的携带和仓储。消费者消费产品后,可将圆形盒体用于装糖果或者休闲食品等物。整个外观设计,散发出了浓厚的古典气息,彰显了狗不理品牌的文化内涵。

本作品用不同的色彩对三种口味进行了诠释,不仅绘制了生动形象的矢量元素,而且还运用了古代的祥云纹案,传达了一种吉祥的讯息。

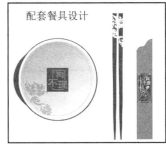

配套餐具设计

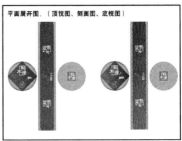

平面展开图:(顶视图、侧面图、底视图)

| 设计方案 | "风之韵"风铃设计 | 一等奖作品 |

设计说明：这套"风之韵"风铃设计灵感来源于天津民俗文化——剪纸和杨柳青年画，借用富贵有余，连年有余等象征性符号，将二维的图案转化成三维实物，表达了天津人民追求和平和团圆的美好心愿，展示出了天津的本土文化特色。与此同时"鱼"这一设计元素是富贵的代名词，将平面图形用立体化，表达出一种静中有动动中有静的意蕴。

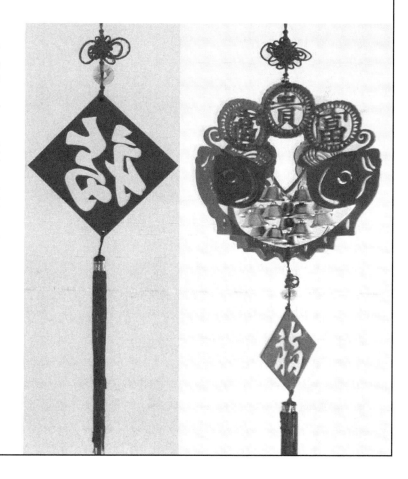

| 设计方案 | "津门艺苑"文化跳棋 | 二等奖作品 |

设计理念：

我的主题一直都是围绕着"念津门"，曾经来过天津的游客触物生情，让没有来过天津的游人通过棋具憧憬天津。包装盒设计上它吸取了天津快板的元素，让游人在曲艺之乡的天津游览之后回味津门快板曲艺！

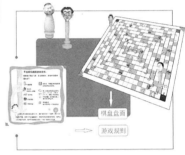

| 设计方案 | "韵"系列小生活用品创意设计策划案 | 二等奖作品 |

"韵"采用京韵大鼓特有的外型，与不锈钢结合，幽雅风趣的人物造型给设计增添了亮点。

一个小小的烟灰缸，作为一款家居用品，以京韵大鼓为原形，保留大鼓本身的形态，再将它与现代感极强的金属相结合，摆在桌子上不仅实用而且雅观，喜欢听小调的戏迷对它爱不释手。让每个来天津观光的游客即便回到自己的家乡，也会对天津记忆深刻。

另款笔筒设计则更有趣味，站立的人以挥动手臂，环抱鼓，形态别有风趣，考虑到了受力分析，为了让笔筒站住，在低部做了一个圈，在身体扭曲的同时不至于重心不稳而倒下。这样的一个小笔筒放在桌子上很有意思，给忙碌的办公空间增添了情趣。

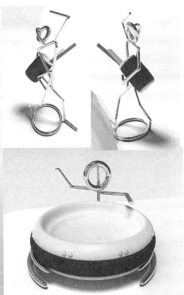

| 设计方案 | "U"勇精国——霍元甲故居旅游纪念品设计 |

设计说明:"幽燕之初露锋芒"、"奋发智勇,誓雪国耻"、"创建精武,强国强种"、"爱国精神,发扬光大"这可以说是霍元甲生平事迹的四部分,每一部分都在演绎着他非同寻常的人生。这套"U勇精国"("幽勇精国")体现了霍元甲的武艺高超和爱国精神。本次设计将霍元甲与外国大力士打擂台的场景与现代生活所用的U盘相结合,场景和形象生动同时还不失其功能性。

| 设计方案 | 三餐"鱼跃"——天津剪纸餐具旅游纪念设计 |

设计说明:本次设计将天津剪纸文化与餐具的结合,使剪纸艺术立体化、生活化。餐具中筷子、勺子使用鱼型剪纸的打散方式,运用镂空的效果,与剪纸的元素具有契合感;碗的造型圆润细滑,夸张的剪纸元素的提炼使其包含趣味;简练的鱼型跃于盘上,使盘子更有趣味,盘中央的荷叶与鱼呼应形成"鱼戏荷叶"的寓意;杯子造型简约,采用剪纸中荷叶的造型,寓意生活如意。

| 设计方案 | "静椅修身"——霍元甲故居旅游纪念品设计 |

设计说明：该椅以霍元甲的武学精神为主要元素，"武"乃"止"和"戈"，意在停止战争，和平相处。本设计集合"武"字篆书体的变形和霍元甲"迷踪拳"刚柔并济的武姿为设计元素表达尚武精神。而该椅是用以休息、交流、品茶之用，是友善的活动，即为"止"。该椅靠背结合了明清家具形式和书卷形，上部脱离椅架，靠背后面可挂衣物。整体设计简约古朴，在材质上融入了传统实木、现代的皮革、金属、塑料等，亦古亦今，亦中亦西。

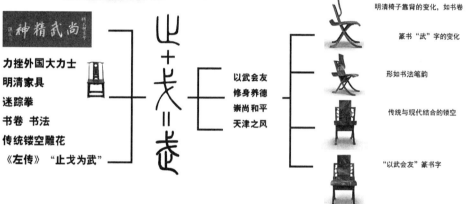

| 设计方案 | 天塔壶——天津文化旅游纪念品设计 |

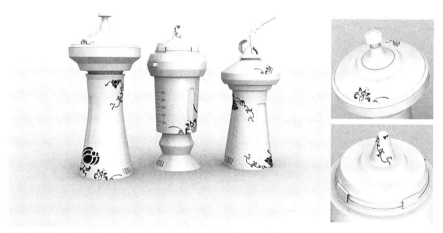

设计说明：天塔是世界上唯一一座水中之塔，也是观光者游览天津的首选之地。对于旅游者来说，水壶是必不可少的。因此，本次设计采用天塔的造型元素作为水壶的造型，取"塔中之水"之意，另外"天塔壶"与天塔下的湖泊同名，更能时时刻刻激起人们对天塔的回忆。

设计方案　　"狗不理"包子造型系列小饰品

设计说明：这些系列包子造型采用了天津"狗不理"老字号包子的元素加以改进设计的，突破了传统中国风的风格，添加一些趣味的感觉，让来津旅游的客人们爱不释手。借鉴"狗不理"包子的造型的目的是包子造型可爱俏皮，每个都是限量版，每一个的风铃、包装盒都是不同图案以及表情每个都是陶瓷材质的，风铃下面的便签是"狗不理"的一些历史文献介绍。大个的按铃是餐座上的点餐铃，当你按的时候它会喊"狗不理"包子，还是纯正的天津话。包装盒的设计造型也是可爱俏皮的，游客们打包时可获得这款盒子，这些盒子也可以自己组装起来，这更使该产品吸引顾客的眼球。该产品可作为创意的礼品送给亲朋好友，既可使用又可作为艺术品展示。

12 文化创意设计案例解析

设计方案　　　多功能拼图

拼图形状的冰箱贴，内置吸铁石，固定在冰箱上

启瓶器细节图

拼图软件模型整体展示

冰箱贴实物场景演示图　　　结合了启瓶器，冰箱贴，去为拼图的纪念品

设计说明：本产品的设计结合了以天津地图为元素的拼图启瓶器和冰箱贴为一体的纪念品融入了天津的特色景观也考虑到携带的便捷性。这款产品加入了天津的标志性文化，充分代表天津的特色，而冰箱贴、拼图和启瓶器也是生活中常用的东西，为生活用品增添了趣味性和实用性，使产品更赢得人心。

设计方案　　　风筝魏水果叉

设计说明：该设计主要采用天津风筝魏为主要元素，通过对其主要纹样、色彩、造型等的概括与提炼而设计的一款水果叉。此款水果叉主要适用于一些追求清新、自然、美好的人群，不仅具有良好的使用价值，而且让人感受到天津的风筝文化，再者，不使用的时候，色彩明快的风筝水果叉还能作为一组工艺品点缀你的家。

13　旅游产品创新设计的产业化发展综述

旅游产品产业化道路，在传统工业结构与民俗文化资源的运用不合理、地方民情复杂等多方面因素的制约下，已荆棘满地。旅游产品趋同化、粗制滥造，老品牌老字号难以扩大市场等纷杂的问题，根本原因是产业结构不合理，旅游产品产业化发展需要谋求新方向。

文化创意产业不同于传统产业模式，它是以完善的知识产权制度构建及高科技应用为基础，依托文化资源，是文化经济时代与信息时代的产物，是以创意为灵魂和核心、以文化资源和高科技手段为基础的新兴产业。创意产业提供了将投资、设计与策划、生产、流通、消费等诸领域的创造性内生到一条利润链上来的新技术。旅游产业与创意产业融合实质上是创意促进旅游增值的过程，也是旅游从单纯依赖自然和历史人文资源转入主动创造文化价值的过程。旅游产品的创意产业之路将可能带来理念的转变、流程的改造或是展现方式的创新。

13.1　中国旅游产品市场低迷的主要原因

1）旅游产品产业发展模式存在弊端

中国的旅游产品市场大都存在着产品直接由生产商、销售商完成设计、生产、销售的全过程，产业链缺少其他专业部门参与的问题。生产商、销售商统揽全局，生产商为了获取更多利益通过降低生产成本并更多依附于控制其"咽喉"的销售环节，同时被生产商追求利益最大化的本质所左右，旅游产品成为"扩大可销售地区范围""尽量大众化"以便迎合不同旅游景点销售商需求的利益牺牲品，恶性循环的产业结构导致廉价的、缺少地域特色的旅游产品充斥在我国旅游产品市场。因此，缺少对设计策划环节的关注，中国旅游产品产业的发展模式存在着难以回避的弊端。

2）旅游产品产业化链条不完整

当前国内大多数旅游产品市场发展仍以自发性为主，旅游商品多为本地的特色手工艺产品。对旅游产品的设计创新仍不具备能动的反应机制，往往一种产品整个旅游区都有销售还价格不一。偶有独门手艺难被抄袭的，又因缺少适时营销策略或产品本身缺少时代感、创新性而少人问津。

对完整的产业链而言，"投资、策划与设计、生产、流通、消费"几个环节缺一不可。而我国旅游产品产业这种自发性的产销一条龙模式，缺少专业策划与设计部门的参与，致使产业化链条被模糊为生产与销售两大职能繁杂又缺少专业性的板块。生产商可能同时兼具投资、开发、生产制造甚至在流通与消费环节的市场营销等多重角色。这种发展模式的弊端在于对市场需求的反应不够灵敏，一旦某类手工艺产品因缺乏更新而淡出市场时，其相关的手工艺技术也可能从此绝迹。渗透进各个环节的"策划、设计"正是旅游产品创意产业化发展的关键。这两个步骤的缺失，已严重制约了国内旅游产品市场的发展。

13.2 旅游产品产业如何突显创意产业特性

创意产业的根本观念是通过"越界"促成不同行业、不同领域的重组与合作。不同于传统产业模式，对于创意产业而言，设计、理念、精神、心理享受、增值服务等非物质产品构成创意产业的核心。在此模式下，文化资源的价值被最大化挖掘，需要通过剖析我国各个不同地区的民俗文化资源，找到二者共通点，最终挖掘出一条运用高新技术、多部门协同合作，能够发挥出更高效率的新型旅游产品创意产业发展道路。

1）挖掘民俗文化资源，深化区域性旅游产品设计

某地区的传统旅游产品，单纯依靠手工技艺的传承已被社会发展需求和市场经济运转残酷的淘汰，或曲高和寡或无人问津。反观一些旅游业发展成熟的国家，将设计理念与方法融入对当地旅游品开发中，则能因时度势、依据地方文化特色或城市未来发展方向有目的的完成旅游产品创新。如日本富士山地区售卖的装有富士山空气的瓶子（图13-1），通过对富士山清新空气的图片描述，实现了利用低廉的物质成本和巧妙的设计思维创造最大经济利润和对旅游者精神需求、心理享受的满足以及对富士山自然风光的最好评说。这种完全依靠设计、策划、构思产生的创新型旅游产品正是旅游产品创意产业的新兴产物。

图13-1 装有富士山空气的瓶子

2）利用网络技术，探索物联网系统下的区域性旅游产品产业平台的搭建

物联网技术主要解决物品到物品、人到物品、人到人之间的互连。利用计算技术监测和控制物理设备行为的嵌入式网络化物理系统 CPS（cyber—physical systems）可以将完全分割的虚拟世界和现实世界结合，通过虚拟世界的信息交互，构成一个高效、智能化的物理世界。各地域旅游产品创意产业以此为基础，以网络传播为途径，用可触及的旅游产品实体来承载一部分文化信息，这种可触可感使用户更愿意和更顺利地去接受非物质形式的信息，进而主动接受物联网系统提供的新型文化信息服务。物联网系统下的不同城市旅游产品产业平台的搭建，将能实现其旅游产品创意者与受众间的信息交互，产品本身也能从设计之初直至自身使用价值结束实现多时段多地点的同设计者与用户甚至企业第三方之间的信息交互。

13.3 区域性旅游产品的创意产业化发展策略

13.3.1 旅游产品创意产业化发展的核心策略

完成关于"策划、设计、生产、销售的四位一体"创意产业生产经营模式转型。

以美国迪士尼为例的文化创意产业发展策略，集产品开发、生产、销售三位一体的生产经营模式，为美国文化创意产业的发展带来了巨大的经济价值。将此种经营模式经分析后拓展、改进，应用于区域性旅游产品的创意产业化发展策略中，其可行性依据主要为：

首先，对某地区旅游产品的创意产业化道路突显"策划、设计"环节的渗透对民俗文化创意的作用。以天津为例，"泥人张"彩塑，林亭口高腿子高跷、汉沽飞镲、挂甲寺庆音法鼓等民俗资源缺少了创意策划环节将为其经济价值转化增加难度。如天津理工大学学生作品"为天津狗不理包子总店设计的旅游产品餐具"（如前文设计实践案例：狗不理品牌餐具设计），狗不理工艺具备雪白的面皮和娴熟的制作技巧，难以直接物化表达。该方案运用莹润饱满的白瓷隐喻狗不理包子面皮的白与薄，快要旋转起来的动态感形态与薄薄的碗壁如同面点师傅正娴熟地擀着的面皮。方案通过设计与策划实现了对民俗文化的传达与经济价值的转化亦证明"策划、设计"环节对旅游产品创意产业的重要性。

其次，旅游产品以满足用户的精神需求、情感体验为重点的特质恰与文化创意产业化强调的非物质特征相吻合。"创意性"成为两大产业发展道

路的共通点。文化创意产业的最终产品是非物质性的，美国对文化创意产业的发展策略直接引出"对非物质类的产品进行开发、生产、销售步骤的整合"。而中国各个特色城市的旅游产品创意产业化发展则同时兼具传统工业与文化创意产业的双重特性，一方面其产品与设计创新、高新技术应用等文化创意手段息息相关，表现出"创意产业特性"；另一方面其产品形式仍多为依靠传统工业的批量化产品。在此基础上，结合对文化创意产业的三位一体的思考，提出中国区域性旅游产品产业兼有创意产业特色与传统工业模式的"策划、设计、生产、销售的四位一体"生产经营模式。

第三，原有旅游产品产业链的不完整性决定了将"策划、设计、生产、销售"四大核心步骤系统化整合的必要性。中国大部分旅游产品市场目前仍以自发性发展模式为主，缺少市场宏观引导与行业部门策划、设计的参与。哪种产品现阶段好卖就扎堆经营，经销商对市场缺少准确预估能力。这些现状从侧面证实了区域性旅游产品产业化结构的不合理性。"策划与设计"环节对产业化发展步骤的深度渗透与影响，将是改变当前旅游产品市场的重要策略手段。因此，对旅游产品产业的文化创意整合势在必行。

13.3.2　探索城市旅游产品品牌建设与综合服务平台的一体化整合

"策划、设计、生产、销售"的四位一体的创意产业生产经营模式得以顺利推进的重要保障源自政府部门的大力扶植及知识产权法的保护。美国经济学家范里安认为，经营行为的效用有"消费/产出"和"消费/投入"两种体察模式。若产权模糊，利益相关者将不能正确评估自我资本投入。这必然导致其集中关注"消费/产出"即私人收益。决策者，中国某地区的旅游产品市场往往是生产商或销售商本身，经营决策时，主要考虑产出中转化出的私人收益而非社会收益。最终发展结果是产品创新性较差，趋同性明显，忽略这一地区旅游产品产业的长期规划，陷入产业发展恶性循环。

1）建立一体化综合服务平台

在目前产权制度逐渐完善的过程中，中国各个地区的旅游产品产业要走出困境必须有一个站位于企业集群与消费者之上，能够对社会各资源起到合理统筹与规划的具有公信力的组织。建立这一组织的作用也是为了弥补当前产权制度难以企及之处。相关地区政府及职能部门处于对当地旅游产品市场的管理层，具备对社会各类资源统筹规划的能力与公信力。由相应政府职能部门建立一体化综合服务平台，其性质高于"策划、设计、生产、销售"的任一环节，与各方不存在利益冲突，因立足于政府平台所以能最终对"消费/投入"做出准确预估，更加关注城市旅游产品的社会收益性与对应地区旅游产品产业发展的长远性目标。

2）由一体化综合服务平台推进城市旅游产品品牌建设

在此基础上，完善的综合服务平台将使区域性旅游产品市场发展趋于良性化。在提升其公信力与口碑的同时，将"旅游产业一体化综合服务平台"提炼衍生出一套标识设计，作为该地区旅游产品品质认证，将能为某具体城市旅游产品的品牌建设提出新的设想。

13.3.3　构建完整的城市旅游产品创意产业发展链

完整的城市旅游产品创意产业发展链从步骤上应具备"策划、设计、生产、销售"四大重要环节；突出其文化创意产业特性的两点为"城市民俗文化资源的开发"与"物联网信息交互平台的建立"；产业链得以顺利运作的保障为来自政府及相关职能部门建立的"一体化综合服务平台"，最终通过图13-2阐述产业链的最终作用关系。

中国各大城市旅游产品创意产业化道路的实现必须首先明确当前该地区旅游产品产业格局及传统产业模式存在的弊端。同时，创意产业是一种新兴产业模式，准确把握"策划、设计"的能动性，寻找到其旅游产品产业与其共荣共通的契机，才能继续深入探讨该城市旅游产品的创意产业化道路。通过建立一体化综合服务平台的构想，与对文化创意产业模式的借鉴、研究，中国旅游产品产业将真正具有挖掘更大经济潜质、民俗文化资源向经济价值转化、推进城市旅游品市场以及最终进入国际舞台的契机。

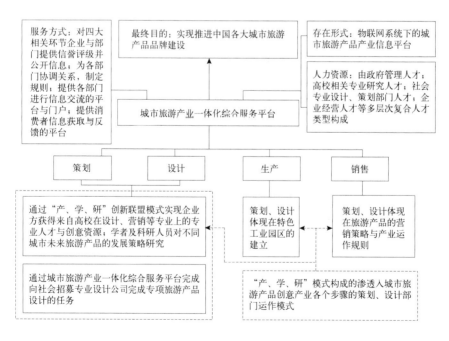

图13-2　城市旅游产品创意产业发展链

参考文献

[1] 钟蕾, 李杨. 天津旅游纪念品设计开发研究 [J]. 民族艺术. 2011（03）.

[2] 钟蕾, 周鹏. 新媒体多元化形式下的非遗数字化保护探析 [J]. 包装工程. 2015（10）.

[3] 钟蕾, 朱荔丽. 数字化时代下的非物质文化遗产保护方法探究 [C]. 科学发展：生态文明——天津市社会科学界第九届学术年会优秀论文集（上）. 天津：天津市社会科学界联合会, 2013. 228-234.

[4] 钟蕾, 黄楚峰. 论中国传统文化符号在产品设计中的情感表达 [J]. 艺术与设计（理论）, 2013（09）.

[5] 钟蕾, 王宁宁. 基于系统论的天津民俗旅游纪念品设计探讨 [J]. 包装工程, 2010（06）.

[6] 钟蕾, 罗斌. 天津民俗文化旅游纪念品开发与对策研究探析 [J]. 包装工程, 2010（08）.

[7] 李杨, 钟蕾. 天津旅游纪念品的创意产业化发展策略研究 [J]. 包装工程, 2013（14）.

[8] 李杨, 钟蕾. 基于动态情境假设的叙事性设计方法解析 [J]. 艺术与设计（理论）, 2013（08）.

[9] 李杨. 基于物联网系统的民俗文化创意产业研究 [J]. 艺术与设计（理论）, 2013（09）.

[10] 李杨, 钟蕾. 基于物联网系统的天津民俗文化的非物质设计策略研究 [J]. 艺术与设计（理论）, 2013（04）.

[11] 李杨. 基于用户需求的旅游交通区域性体验设计研究 [J]. 综合运输, 2015（08）.

[12] 张妍, 钟蕾. 论天津文化旅游商品的情感化设计与创新 [J]. 艺术与设计（理论）, 2014（04）.

[13] 周鹏, 钟蕾. 基于美学逝者如斯思想下的天津非遗保护探究 [J]. 艺术与设计（理论）, 2014（01）.

[14] 刘亚, 钟蕾. 基于艺术学视角下云南地区民俗博物馆的研究 [J]. 艺术与设计（理论）, 2014（04）.

[15] 周鹏, 钟蕾. 天津市非物质文化遗产传统美术项目产业化发展策略 [J]. 艺术与设计（理论）, 2014（08）.

[16] 柳冠中主编. 中国古代设计——事理学系列研究 [C]. 北京：高等教育出版社, 2007, 10.

[17] 叶朗. 中国美学史大纲 [M]. 上海：上海人民出版社，2002，11.
[18] 柳冠中. 急需重新理解"工业设计"的"源"与"元"——由"产业链"引发的思考 [J]. 艺术百家，2009（01）.
[19] 雷一萍. 桂林XX旅游纪念品有限公司的战略设计初探 [D]. 西南交通大学，2008.
[20] 张海林. 对旅游纪念品包装再设计的探讨 [J]. 包装工程，2011（02）.
[21] 黄辉. 从猫福的前世今生看民间造型艺术与旅游纪念品的研究 [D]. 湖南师范大学，2009.
[22] 陈志萱. 国外如何经营经济型旅馆和旅游纪念品 [N]. 经济日报，2006，7.
[23] 覃芳圆. 中国福文化旅游纪念品设计研究 [D]. 江南大学，2010.
[24] 常红. 隐秀 风骨 神思——刘勰《文心雕龙》对语文教学的启迪 [J]. 甘肃农业，2004（11）.
[25] 黄献民. "新生代"诗潮对诗歌观念的突破 [J]. 中国文学研究，1987（02）.
[26] 侯丽. 土楼博物馆：客家历史的"羊皮卷" [N]. 中国文化报，2010，6.
[27] 赵小鲁. 神话般的福建土楼 [J]. 流行色，2011（01）.
[28] 李杨. 基于数字平台的非遗旅游资源化创新模式研究 [J]. 包装工程，2015（10）.
[29] 邱明丰. 立象尽意——中国文学的形象特征 [J]. 四川省干部函授学院学报，2012（02）.
[30] 周磊. 用户体验和用户心理模型 [J]. 程序员，2009（06）.
[31] 王俊秀. 男人和女人差异到底在哪 [N]. 北京科技报，2005，10.
[32] 张立. 产品设计中的性别差异与产品性征 [J]. 艺术与设计（理论），2007（08）.
[33] 沈军. 拟真语境下超真实与超绘画互动研究 [D]. 上海大学，2010.
[34] 崔杨. 基于用户情感需求的汽车造型设计研究 [D]. 湖南大学，2009.
[35] 姚君喜. 现代审美观念和现代设计 [N]. 中国包装报，2004，11.
[36] 范志国，曹灿安. 体验经济时代天津旅游业的发展对策研究 [J]. 长春理工大学学报（高教版），2008（03）.
[37] 魏丽英. 我国旅游纪念品开发的发展规律及发展趋势 [J]. 桂林旅游高等专科学校学报，2006（06）.
[38] 李国利. 民俗文化市场化探讨 [J]. 现代商贸工业，2009（04）.
[39] 张伟杰. 天津旅游目的地网络营销系统存在的问题及发展对策分析 [J]. 价值工程，2011（02）.
[40] 孙辉. 天津民间美术对初中美术教育的影响 [D]. 天津师范大学，2011.
[41] 杨柳青–传统文化与文学. http://yayusw.web-33.com/BBS/ShowPost.asp?menu=Previous&ForumID=31&ThreadID=63740 2012-12-17
[42] 杨蕾. 山东省临沂市旅游纪念设计研究 [D]. 山东轻工业学院，2008.

书中引用图片出处：

[1] 部分图片来自网络，由百度搜索，谷歌搜索等途径获得；由于来源不一，未注明相关出处，还请见谅。
[2] 部分图片为天津理工大学艺术学院学生原创设计作品。